FORSCHUNGSBERICHTE DES LANDES NORDRHEIN-WESTFALEN

Nr. 2779/Fachgruppe Maschinenbau/Verfahrenstechnik

Herausgegeben im Auftrage des Ministerpräsidenten Heinz Kühn
vom Minister für Wissenschaft und Forschung Johannes Rau

o. Prof. Dr.-Ing. Dipl.-Wirtsch.-Ing. Walter Eversheim
Dipl.-Ing. Hans Seifert
Laboratorium für Werkzeugmaschinen und Betriebslehre
der Rhein.-Westf. Techn. Hochschule Aachen

Lehrstuhl für Produktionssystematik

Entwicklung eines Systems zur Überwachung und Steuerung des Kosten- und Erfolgsverhaltens von Produkten in der Investitionsgüterindustrie

Springer Fachmedien Wiesbaden GmbH 1978

CIP-Kurztitelaufnahme der Deutschen Bibliothek

Eversheim, Walter:
Entwicklung eines Systems zur Überwachung und Steuerung des Kosten- und Erfolgsverhaltens von Produkten in der Investitionsgüterindustrie / Walter Eversheim; Hans Seifert. - Opladen: Westdeutscher Verlag, 1978.

(Forschungsberichte des Landes Nordrhein-Westfalen; Nr. 2779 : Fachgruppe Maschinenbau, Verfahrenstechnik)
ISBN 978-3-531-02779-1 ISBN 978-3-322-88603-3 (eBook)
DOI 10.1007/978-3-322-88603-3
NE: Seifert, Hans:

Inhalt

Seite

Seite

1. Einleitung

In der Investitionsgüterindustrie haben sich in den letzten Jahren ähnliche dynamische Marktbedingungen eingestellt, wie sie vom Konsumgüterbereich bekannt sind. Dafür können im wesentlichen drei Gründe genannt werden /1/:

- Marktsättigung
  Die heutige Marktsituation ist gekennzeichnet durch einen Überhang des Angebotes gegenüber der Nachfrage. Der Verbraucher wird mit einem Überangebot an Gütern und Dienstleistungen jeglicher Art konfrontiert und nimmt daher seine kritische Selektionsfunktion in verstärktem Maße wahr. Diese Entwicklung, die insbesondere in Wirtschaftsräumen mit einem hohen technischen und wirtschaftlichen Niveau zu beobachten ist, führt zu einer Verkürzung der wirtschaftlichen Lebensdauer der Produkte.

- Internationale Konkurrenz
  Durch die schwindende Bedeutung nationaler Marktgrenzen ergibt sich eine erhebliche Verschärfung der Konkurrenzsituation, die durch die Position der Bundesrepublik als Hochlohn- und -währungsland noch verstärkt wird. Die deutschen Industrieunternehmen versuchen daher, der preiswerten Konkurrenz der in Großserien hergestellten Standardprodukte aus den Niedriglohnländern durch den Bau qualitativ und technologisch hochwertiger Produkte zu begegnen. Durch den Export dieser Güter erfahren insbesondere im Investitionsgüterbereich die Abnehmerländer einen Know-how-Zuwachs, der der Produktion in diesen Ländern zugute kommt. Da diese Niedriglohnländer ihrerseits als Anbieter auf dem Weltmarkt in Erscheinung treten, ergibt sich als Ergebnis dieses Rückkopplungsprozesses für die Industrienationen eine erschwerte Wettbewerbssituation /2/.

- Technischer Fortschritt
Neben den wirtschaftlichen Ursachen für schnelle Marktveränderungen stehen im Investitionsgüterbereich technische Gründe im Vordergrund. Die immer kürzeren Zeitspannen für die kommerzielle Nutzung wissenschaftlicher Erkenntnisse führt zum wachsenden Auftreten von Innovationen am Markt. Gleichzeitig wird durch diese Entwicklung die Bildung von Substitutionskonkurrenzen gefördert, d.h. der Ersatz eines Investitionsgutes durch ein gleich- oder höherwertiges Produkt. Diese Erscheinungen setzen die wirtschaftliche Lebensdauer bestehender Produkte weiter herab. So betrug beispielsweise die wirtschaftliche Lebensdauer einer Produktionsdrehmaschine ca. 25 Jahre. Die Kopierdrehmaschine, die diesen Maschinentyp teilweise ersetzte, hatte nur noch eine Lebenserwartung von etwa 15 Jahren, während die heute auf dem Markt befindlichen numerisch gesteuerten (NC) Drehmaschinen eine durchschnittliche wirtschaftliche Lebensdauer von 7 Jahren aufweisen /3/ (Bild 1).

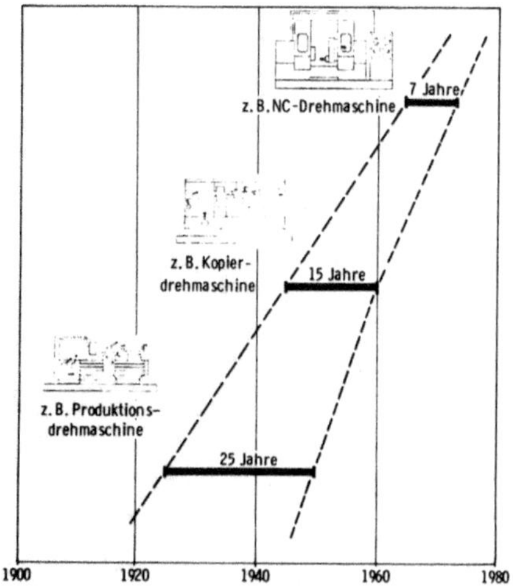

Bild 1: Verkürzung der wirtschaftlichen Lebensdauer von Werkzeugmaschinen

Ansatzpunkte zur Lösung der aufgezeigten Problematik ergeben sich, wenn man die grundsätzlichen Möglichkeiten zur Sicherung des Unternehmensbestandes betrachtet. Diese Möglichkeiten lassen sich, wie in Bild 2 dargestellt, in drei Kategorien einteilen.

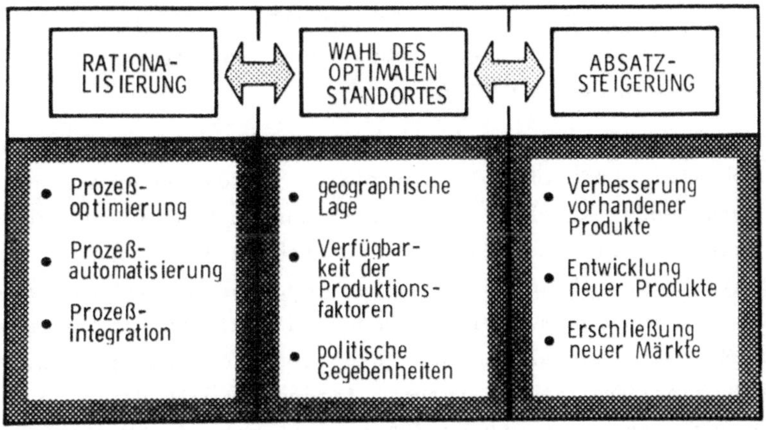

Bild 2: Möglichkeiten zur Sicherung des Unternehmensbestandes

Die meist angewendete Methode dürfte in den unternehmerischen Rationalisierungsbemühungen zu sehen sein. Mit dem Ziel der Kostenreduzierung wird versucht, den Produktionsprozeß zu optimieren, zu automatisieren und nach Möglichkeit zu integrieren. Die Erfolge unternehmerischer Rationalisierungs- und Automatisierungsmaßnahmen sind bekannt und bestätigen die Richtigkeit des eingeschlagenen Weges.

Eine weitere wesentliche Möglichkeit zur Sicherung des Unternehmensbestandes liegt in der Wahl des geeigneten Standortes. Neben geographischen Gesichtspunkten sind hierbei besonders die Verfügbarkeit der Produktionsfaktoren, wie z.B. das Arbeitskräfteangebot oder die Kapitalmarktsituation zu beachten. Weiterhin müssen politische Gesichtspunkte berücksichtigt werden. Wenngleich der Standort bei bereits bestehenden Unternehmen nur unter erheblichen Aufwendungen verändert werden kann, so zeigen doch die in jüngerer Zeit häufiger bekanntgewordenen Fälle von Produktionsverlagerungen an Standorte mit günstigeren Produktionsbedingungen die wachsende Bedeutung der optimalen Standortwahl.

Die wichtigste Voraussetzung für den Bestand eines Unternehmens liegt jedoch in der Steigerung des Absatzes. Die eingangs geschilderten Entwicklungen auf dem Absatzmarkt, welche als Wandlung vom Produzenten- zum Käufermarkt bezeichnet werden können, zwingen die Unternehmen in verstärktem Umfange, in immer kürzeren Zeitabständen verbesserte oder neue Produkte anzubieten und neue Märkte zu erschließen.

Das Produktprogramm der meisten Unternehmen besteht aus verschiedenen Produkten. Dadurch soll einerseits für die Abnehmer ein möglichst umfassendes Angebot an Problemlösungen bzw. Produktfunktionen bereitgestellt werden und andererseits dient eine breite Produktpalette zum Abgleich der verschiedenen Umsatz- und Gewinnverläufe. Im Hinblick auf eine Streuung des Risikos ist eine ausgeglichene Mischung aus alten und neuen Produkten anzustreben. Die Schwierigkeiten für die Unternehmen liegen oftmals darin, daß zu spät erkannt wird, wann die Produkte nicht mehr den Marktanforderungen entsprechen. Aus diesem Grunde werden geeignete Verbesserungsmaßnahmen oder die Planung neuer Produkte in vielen Fällen nicht rechtzeitig genug eingeleitet, um die Umsatz- und Gewinneinbußen noch ausgleichen zu können. Zur Vermeidung dieser Probleme ist es notwendig, daß Erfolgsverhalten der Produkte laufend zu überwachen. Nur auf diese Weise kann sichergestellt werden, daß die Zusammensetzung des Produktprogramms den Marktanforderungen weitgehend gerecht wird.

Die zunehmende Komplexität marktwirtschaftlicher und betrieblicher Zusammenhänge, die mangelnde Flexibilität gewachsener Organisationsstrukturen sowie die mit der steigenden Informationsflut überforderten betrieblichen Informationssysteme erschweren zunehmend die rechtzeitige Ermittlung und Realisierung geeigneter Maßnahmen zur Beeinflussung des Marktverhaltens der Produkte.

Im Rahmen dieses Projektes soll eine systematische Vorgehensweise zur Produktüberwachung und -steuerung entwickelt werden, mit deren Hilfe der Unternehmensleitung fundierte Entscheidungsgrundlagen zur Beeinflussung des Produktverhaltens zur Verfügung gestellt werden können. Dazu müssen eingangs die funktionalen

Zusammenhänge dargestellt und die informatorischen Voraussetzungen aufgezeigt werden, da die Effektivität der Produktüberwachung insbesondere von der Qualität und Aktualität des benötigten Datenmaterials abhängig ist. Abschließend wird die Anwendung der entwickelten Vorgehensweise an einem Fallbeispiel beschrieben, und es werden die Möglichkeiten für eine Institutsionalisierung der Produktüberwachung und -steuerung diskutiert.

2. Kennzeichnung und Abgrenzung der Produktüberwachung und -steuerung

Die zunehmende Dynamik unternehmensexterner Einflüsse auf das Marktverhalten der Produkte erfordert eine systematische Produktüberwachung und -steuerung. Im folgenden sollen diese Begriffe definiert sowie die funktionalen Zusammenhänge aufgezeigt werden. Davon ausgehend werden in diesem Kapitel die Objekte, auf die sich die Produktüberwachung und -steuerung bezieht, gekennzeichnet und die zu berücksichtigenden Einflußparameter beschrieben.

2.1 Kennzeichnung der Produktüberwachung und -steuerung

Das Eintreffen unternehmerischer Zielerwartungen ist häufig von mehr oder weniger vorhersehbaren Ereignissen abhängig. Derartige Ereignisse wirken sich aus in Mengen- und Zeitabweichungen, Beschleunigungs- und Verzögerungseffekten und ähnlichem mehr und führen dazu, daß ursprünglich für richtig und gesichert angesehene Ziele nicht mehr verwirklicht werden können. Es entsteht dann oft ein Entscheidungszwang im Hinblick auf notwendige Änderungsmaßnahmen, deren Tragweite manchmal höher sein kann, als das mit der ursprünglichen Zielsetzung verbundene Risiko. Es ist daher notwendig, daß solche Entscheidungen auf einer fundierten Informationsbasis getroffen werden.

In der Praxis hat sich gezeigt, daß die schwierige Lage vieler Unternehmen nicht zuletzt aus einer Vernachlässigung dieser Informationsbasis-nämlich den Planungs- und Kontrollfunktionen-resultiert. Daraus ergibt sich zwangsläufig die Forderung nach einer stärkeren Berücksichtigung dieser Funktionen bei der Unternehmenssteuerung. Überlegungen über Möglichkeiten zur Verwirklichung dieser Forderung haben ergeben, daß insbesondere die Betrachtungsweise eines Unternehmens nach dem kybernetischen Regelkreisprinzip erfolgversprechende Lösungsansätze in dieser Richtung liefert. Diese Betrachtungsweise soll daher im folgenden beim Aufbau eines Systems zur Produktüberwachung, welche ja im wesentlichen Kontroll- und Planungsfunktionen beinhaltet, angewendet werden.

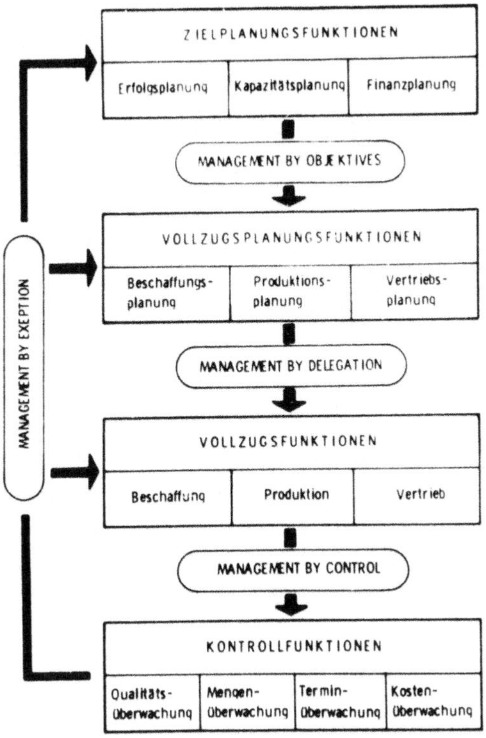

Bild 3: Zusammenhänge zwischen Unternehmensfunktionen und Führungstechniken

Die in den Unternehmen wahrzunehmenden Funktionen lassen sich letztlich unter den Oberbegriffen Zielplanung, Vollzugsplanung, Vollzug und Kontrolle zusammenfassen. Zur Wahrnehmung dieser Funktionen sind vor allem in den USA eine Reihe zweckmäßiger Führungsprinzipien entwickelt worden, welche jedoch fälschlich häufig als Alternativen dargestellt werden. In der Praxis läßt sich kein Unternehmen allein nach dem Prinzip des "Management by Objectives" /4/ oder des "Management by Exception" führen. Nur eine Kombination dieser Prinzipien, wie sie in Bild 3 dargestellt ist, kann als praktikables Führungssystem bezeichnet werden /5/.

Die Abbildung macht deutlich, daß sich die dargestellten Funktionen über den Informationsfluß zu Regelkreisen zusammenschalten lassen. Erst die Strukturierung eines Unternehmens in Form einzelner miteinander vermaschter Regelkreise wird der Tatsache gerecht, daß das unternehmerische Geschehen einen geschlossenen Kreislauf aus sich zyklisch wiederholenden Vorgängen darstellt. Nur so kann nämlich ein lückenloser Informationsfluß erreicht werden, welcher die Transparenz der einzelnen Vorgänge gewährleistet, und somit Ansatzpunkte zum Beheben von Störungen liefert.

Abstrahiert man den Aufgabenkomplex der Produktüberwachung dahingehend, zunächst etwaige Abweichungen des Marktverhaltens der Produkte von den im Absatzplan festgelegten Planwerten zu ermitteln sowie deren Ursachen zu analysieren, damit dann anschließend die erforderlichen Maßnahmen zur Korrektur des Fehlverhaltens eingeleitet werden können, so lassen sich auch diese Vorgänge anschaulich in Form eines Regelkreises darstellen (Bild 4).

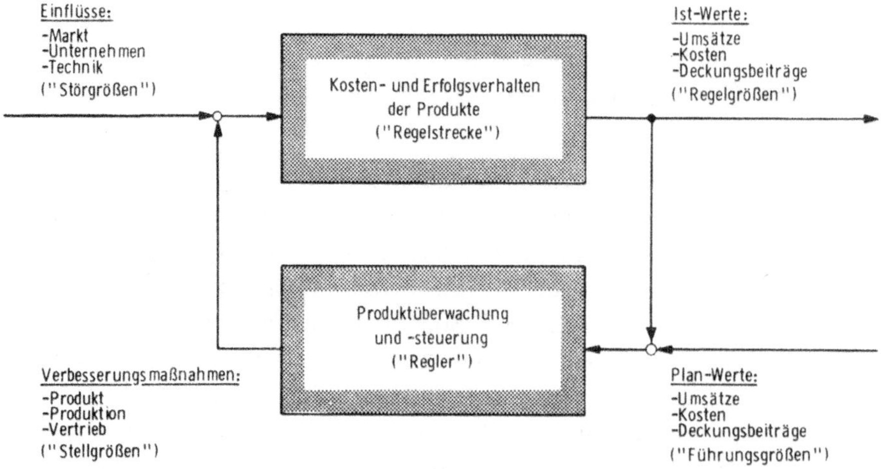

Bild 4: Produktüberwachung und -steuerung in Regelkreisdarstellung

Das Marktverhalten der Produkte innerhalb eines Planungszeitraums ist als "Regelstrecke" anzusehen, während die Produktüberwachung und -steuerung als "Regler" fungiert. Die das Marktverhalten eines Produktes kennzeichnenden Größen wie Umsatz, Deckungsbeitrag usw. stellen die "Regelgrößen" dar, die zusammen mit den "Führungsgrößen", nämlich den entsprechenden Planzahlen, einen Plan-/Istwert-Vergleich ermöglichen. Treten nun infolge von "Störgrößen" aus Markt, Unternehmen oder technischer Entwicklung Abweichungen vom geplanten Marktverhalten auf, so müssen in der Produktsteuerung Verbesserungsmaßnahmen ("Stellgrößen") abgeleitet werden, mit deren Hilfe das Marktverhalten korrigiert werden kann.

Aus dieser Betrachtungsweise lassen sich die zeitlichen und funktionalen Zusammenhänge zwischen Produktüberwachung und -steuerung ableiten. Danach ist die Produktüberwachung als kontinuierliche Aufgabe anzusehen, die sich an einer vorgegebenen Leitlinie, den Planwerten, orientiert (Bild 5). Dieser Leitlinie ist je eine obere und eine untere Toleranzgrenze zuzuordnen. Sobald im Verlauf der Produktüberwachung festgestellt wird, daß eine Abweichung des Istverlaufs vom Planverlauf den gebildeten Toleranzbereich überschreitet, sind im Rahmen der Produktsteuerung geeignete Maßnahmen zur Erreichung der ursprünglichen Ziele zu planen und zu veranlassen. Funktionen der Toleranzgrenzen sind also einerseits, möglichst frühzeitig relevante Planabweichungen zu erkennen, andererseits allzu häufige Steuerungsmaßnahmen wegen der damit verbundenen Kosten zu vermeiden /6/.

Nach der Beschreibung der grundsätzlichen Aufgabenkomplexe der Produktüberwachung und -steuerung sollen im folgenden die Objekte abgegrenzt werden, auf die sich die Aufgabenstellung bezieht.

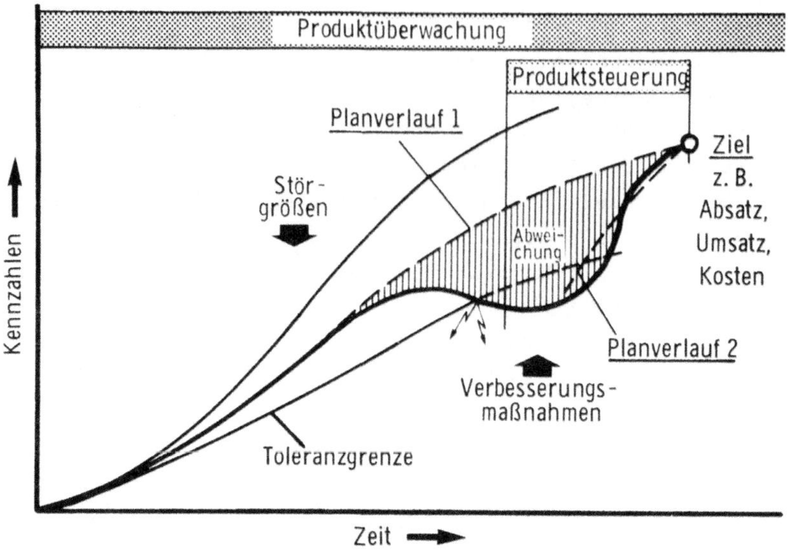

Bild 5: Überwachung und Steuerung von Kennzahlen nach dem Leitlinienkonzept

2.2 Objekte der Produktüberwachung und -steuerung

Das Produktprogramm von Unternehmen der Investitionsgüterindustrie besteht in der Regel aus mehreren Produktbereichen. Diese Bereiche, z. B. Drehmaschinen oder Fräsmaschinen, lassen sich wieder untergliedern in verschiedene Produktgruppen. Der Bereich Fräsmaschinen beispielsweise kann Horizontal- und Vertikal-Fräsmaschinen, Ein- und Mehrspindelmaschinen, Portal- oder Ständerfräsmaschinen, konventionelle und NC-Fräsmaschinen usw. umfassen. Innerhalb dieser Gruppe wiederum werden die unterschiedlichsten Produkttypen gefertigt, die sich durch Arbeitsraum, Antriebsleistung, Drehzahlbereiche, Fertigungstoleranzen usw. unterscheiden lassen (Bild 6).

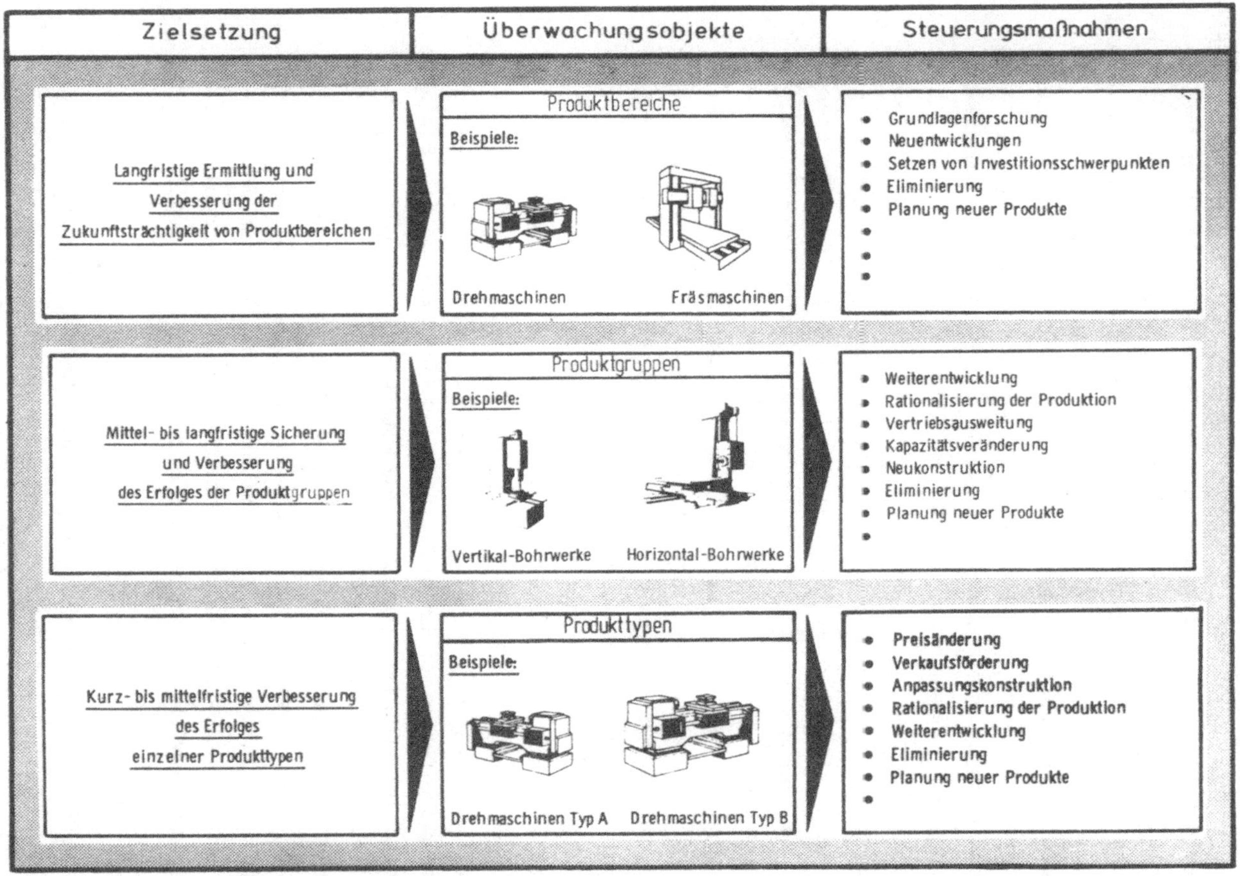

Bild 6: Detaillierungsebenen der Produktüberwachung und -steuerung

Grundsätzlich kann die Produktüberwachung und -steuerung für jeden einzelnen Produkttyp durchgeführt werden. Da es sich in der Investitionsgüterindustrie jedoch hauptsächlich um eine Einzel- und Kleinserienfertigung handelt, läßt sich eine exakte Absatzplanung für die einzelnen Typen in vielen Fällen nicht durchführen. Aus diesem Grund empfiehlt es sich, hinsichtlich ihrer Funktionen, Arbeitsprinzipien, Abnehmerbereiche usw. vergleichbare Typen zu Produktgruppen zusammenzufassen, und für diese eine gemeinsame Planung und Überwachung vorzunehmen.

Neben der ständigen Beobachtung der Überwachungsobjekte sollte auf jeden Fall auch eine Analyse der Umwelteinflüsse erfolgen. Dazu zählen Einflüsse, die sich aus politischen Veränderungen ergeben (z. B. Gesetzgebung zum Umweltschutz, Arbeitsplatzverordnung) ebenso wie neue Impulse aus Naturwissenschaften und Technik sowie gesellschaftliche Trends (z. B. Arbeitslosigkeit, Ausbildungsniveau). Diese Umwelteinflüsse wirken sich sowohl auf den Absatz- und Beschaffungsmarkt als auch auf den Produktionsprozeß im Unternehmen aus und sind somit ausschlaggebend für die Zukunftsträchtigkeit der Produkte.

Bezüglich des Absatzmarktes können die genannten Umweltfaktoren zu veränderten Anforderungen der Abnehmer an die Produkte führen, indem beispielsweise intelligentere Erzeugnisse gefordert werden, die eintönige und algorithmierbare Tätigkeiten automatisch ausführen. Seitens des Beschaffungsmarktes ergeben sich insbesondere durch die Internationalisierung der Handelsbeziehungen, die Rohstoffverknappung und die Entwicklung neuer Werkstoffe sowie mechanischer und elektronischer Bauteile Auswirkungen auf die Funktionserfüllung und die Kostenstruktur der Produkte.

Zwangsläufig ergeben sich durch Einflüsse der Umweltfaktoren auf den Absatz- und Beschaffungsmarkt Abweichungen auf die Produktion der Produkte. So bewirken neue Abnehmeranforderungen, daß neue oder verbesserte Produkte geplant und entwickelt werden müssen. Die Rohstoffverknappung zwingt die Unternehmen, energie- und rohstoffsparende Erzeugnisse zu produzieren und die erhöhte Verfügbarkeit von Bauteilen kann eine Verringerung der Fertigungstiefe nach sich ziehen.

Die aufgeführten Beispiele verdeutlichen, wie wichtig für die Unternehmen neben einer Überwachung der Planzahlen der Produkte eine regelmäßige Analyse der Umweltfaktoren ist. Da eine derartige Untersuchung in der Regel weitgehend erzeugnisunabhängig ist, empfiehlt es sich, diese Tätigkeiten nicht im Rahmen der Überwachung und -steuerung einzelner Erzeugnisse durchzuführen, sondern eine Stelle "Marktforschung" damit zu beauftragen, die die Ergebnisse an die zuständigen Planungsabteilungen im Unternehmen weiterleitet.

2.2.1 Der Lebenszyklus von Produkten

Unabhängig davon, auf welcher Detaillierungsstufe das Produktprogramm eines Unternehmens im Rahmen der Produktüberwachung beobachtet werden soll, unterliegen sowohl die Produktbereiche als auch die Produkttypen während ihrer Marktpräsenz bestimmten Gesetzmäßigkeiten. Betrachtet man beispielsweise den zeitlichen Verlauf des Umsatzes eines Produktes, so lassen sich von der Markteinführung bis zur Rücknahme vom Markt fünf Phasen unterscheiden (Bild 7), die in Abhängigkeit von der Art des Produktes in Ausprägung und Dauer stark variieren können /7,8,9/.

In der Einführungsphase steigt der Umsatz nur langsam an, da zu diesem Zeitpunkt das Produkt in der Regel den potentiellen Käufern noch unbekannt ist und demzufolge noch ein hoher Marktwiderstand zu überwinden ist.

Die Wachstumsphase ist gekennzeichnet durch eine starke Expansion, da die wesentlichen Absatzhemmnisse überwunden sind und bisher nur wenige Konkurrenten das eigene Produkt bedrängen.

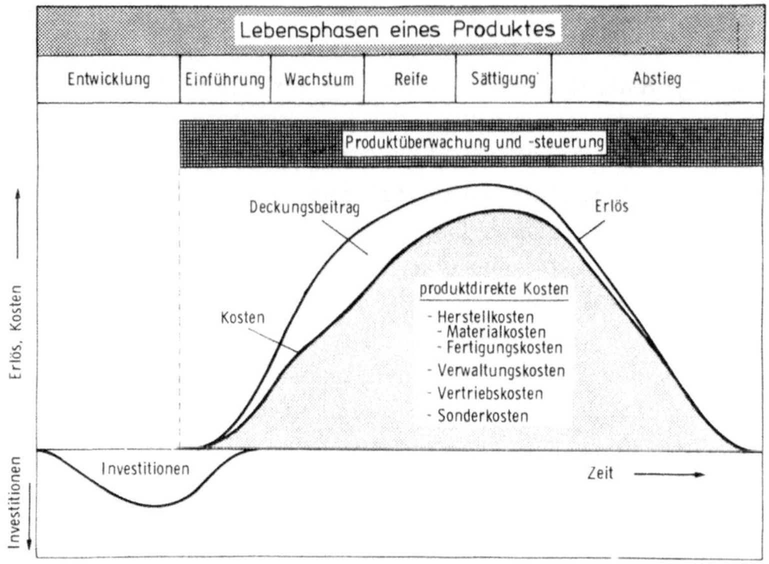

Bild 7: Lebensphasen eines Produktes

Mit Beginn der Reifephase verlangsamt sich das Umsatzwachstum beständig. Der Umsatz wird zunehmend vom Ersatzbedarf bestimmt. Die Zahl der Konkurrenzprodukte hat sich weiter vergrößert, so daß sich die Preissituation verschlechtert.

Im weiteren Verlauf des Lebenszyklus erreicht das Produkt die Sättigungsphase, da der Ersatzbedarf stagniert und der Markt weitgehend gesättigt ist. Aufgrund der vielen Konkurrenzprodukte beginnt ein Verdrängungswettbewerb mit Preisnachlässen und anderen kostenverursachenden Zugeständnissen.

Den Abschluß der Lebenskurve bildet die Abstiegsphase, die durch einen Umsatzrückgang infolge von Substitutionsprodukten sowie Bedarfsverschiebungen gekennzeichnet ist. Beide Komponenten führen letztlich zu einer Rücknahme des Produktes vom Markt.

Aufgabe der Produktüberwachung muß es sein, das Marktverhalten der Produkte vom Zeitpunkt der Markteinführung an zu überwachen. Anhand erster Informationen über das Käuferverhalten können dann schon in dieser Phase evtl. erforderliche Korrekturmaßnahmen eingeleitet werden.

Die Rolle, welche dem richtigen Zeitpunkt des Eingreifens zukommt, wird besonders deutlich, wenn man die Auswirkungen von Korrekturmaßnahmen hinsichtlich des Produkterfolges in Abhängigkeit vom Zeitpunkt des Wirksamwerdens derartiger Maßnahmen betrachtet (Bild 8).

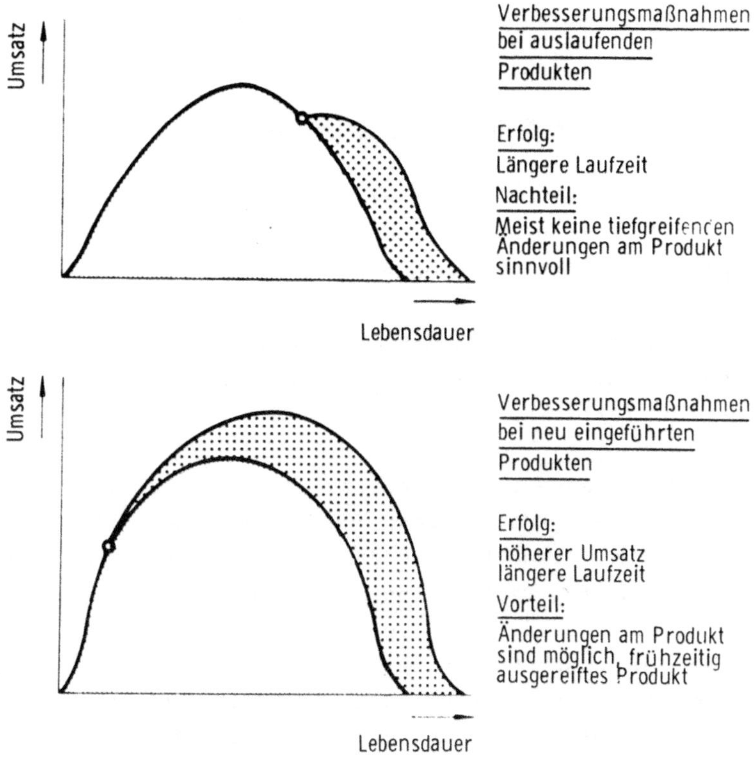

Bild 8: Abhängigkeit der Auswirkungen von Änderungsmaßnahmen vom Zeitpunkt des Eingreifens

Erfolgen beispielsweise solche Maßnahmen in der Abstiegsphase eines Produktes, so wird sich in der Regel zwar eine Verlängerung der Lebensdauer erzielen lassen. Eine erneute Steigerung des Umsatzes oder sogar des Deckungsbeitrages läßt sich jedoch meist nicht erreichen. Daher lohnen sich hier auch tiefgreifende Verbesserungsmaßnahmen kaum.

Wesentlich andere Aspekte ergeben sich jedoch, wenn notwendige Korrekturmaßnahmen zu einem Zeitpunkt erfolgen, der kurz nach der Markteinführung liegt. Dann verhindert das rechtzeitige Beheben festgestellter Mängel, daß solche Mängel sich im Bewußtsein der Kunden festsetzen. Der Erfolg frühzeitig durchgeführter Korrekturmaßnahmen schlägt sich dann in höheren Umsätzen und Deckungsbeiträgen und längeren Laufzeiten der Produkte nieder /10/.

2.2.2 Einflußfaktoren auf den Produkt-Lebenszyklus

Das Produkt steht in seinen Rollen als Mittel zur Bedarfsdeckung einerseits und als Kosten- und Erlösträger andererseits im Mittelpunkt des Spannungsfeldes zwischen Markt und Unternehmen. Diese Polarität beeinflußt das durch Umsatz, Deckungsbeitrag oder auch Marktanteil gekennzeichnete Produktverhalten. Alle Einflüsse aus sonstigen Umgebungssystemen wirken auf dieses Spannungsfeld in gewisser Weise ein (Bild 9).

So fördern beispielsweise die Ergebnisse von Wissenschaft und Forschung sowie der daraus resultierende technologische Fortschritt die Entwicklung neuer Produkte. Aus der geographischen Umwelt hingegen können sich häufig Restriktionen gegen den Einsatz bestimmter Produkte ergeben. Es sei in diesem Zusammenhang nur auf die Problematik des Umweltschutzes verwiesen. Am Beispiel der Arbeitszeitentwicklung sowie von Schutz- und Sicherzeitsvorschriften werden vornehmlich soziologische Einflüsse deutlich. Demographische Entwicklungen wiederum beeinflussen vornehmlich das Marktvolumen sowie die Nachfragestruktur. Politische Einflüsse letztlich äußern

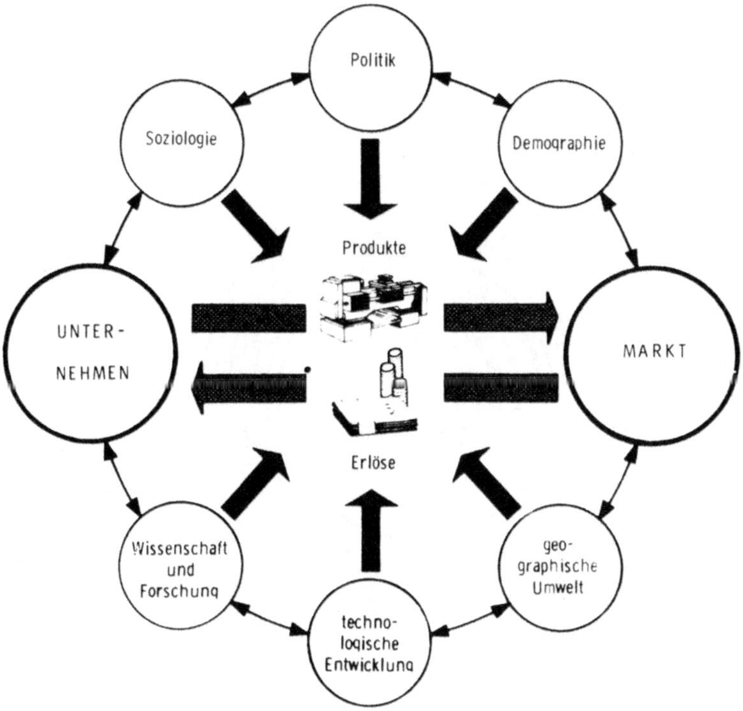

Bild 9: Umgebungssysteme von Produkten

sich besonders deutlich auf dem währungs- und fiskalpolitischen Sektor. Der Erfolg oder Mißerfolg eines Produktes entscheidet sich jedoch letztlich am Markt. Es gilt demnach, aus diesen Umgebungssystemen Einflußfaktoren auf das Marktverhalten der Produkte abzuleiten und sie nach Möglichkeit entsprechend ihrer Einflußnahme zu ordnen.

Man unterscheidet bei der Ermittlung derartiger Einflußgrößen zweckmäßig nach unternehmensinternen und -externen Faktoren (Bild 10). Innerbetriebliche Einflußfaktoren auf das Marktverhalten der Produkte lassen sich im wesentlichen den Bereichen Unternehmensleitung, Produktion und Vertrieb zuordnen. Die Unternehmensleitung bestimmt mit ihrer Preis-, Absatz- und Potentialpolitik die Ziele

Bild 10: Einflußfaktoren auf das Marktverhalten von Produkten der Investitionsgüterindustrie

und Entwicklungsrichtung des Unternehmens und folglich auch die Produkte, mit deren Hilfe diese Ziele erreicht werden sollen. Die Produktion bestimmt im wesentlichen die kostenseitigen Grenzen für die Beeinflussung des Marktverhaltens, während der Vertrieb als Bindeglied zwischen Markt und Unternehmen durch absatzfördernde Maßnahmen das Marktverhalten beeinflussen kann.

Die unternehmensexternen Einflußfaktoren lassen sich in technische und wirtschaftliche Faktoren einteilen, wobei jeweils weiter nach der momentanen Ist-Situation und dem sich abzeichnenden Trend unterschieden werden sollte. Voraussetzung für die Absatzfähigkeit eines Produktes ist die Erfüllung der Marktanforderungen hinsichtlich technischer Funktionserfüllung, Zuverlässigkeit, Styling usw.

In diesem Zusammenhang müssen natürlich einmal kurzfristig die sich aus dem derzeitigen technischen Entwicklungsstand ergebenden Auswirkungen sowie zum anderen technische Trends, wie beispielsweise die Automatisierung oder die Miniaturisierung berücksichtigt werden. Aus wirtschaftlicher Sicht ist primär die momentane Wettbewerbssituation als Einflußgröße auf das Marktverhalten der Produkte anzusehen, wobei sich abzeichnende Nachfragetrends bei der Planung von Änderungsmaßnahmen berücksichtigt werden müssen.

Die dargestellten Grobzusammenhänge machen deutlich, daß die aufgezeigten Faktoren in den seltensten Fällen isoliert betrachtet werden können, sondern fast immer in ihrem Zusammenwirken gesehen werden müssen. Sie wirken sich jedoch, wie bereits erwähnt, immer am Markt aus, und zwar entweder unmittelbar über Angebot und Nachfrage oder mittelbar über gesetzliche Bestimmungen (Bild 11).

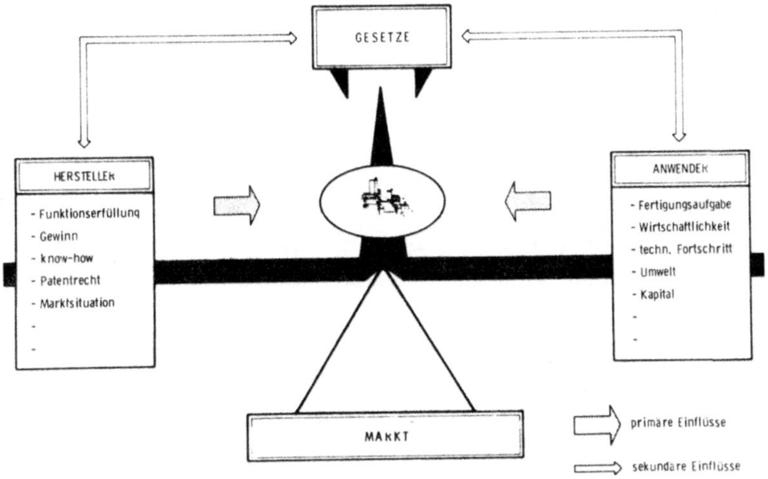

Bild 11: Zusammenwirken von Einflußfaktoren auf das Produktverhalten am Markt

Die bisherigen Ausführungen zeigen, daß für die zu lösenden Aufgabenstellungen eine Reihe von Voraussetzungen im Unternehmen gegeben sein müssen, die im folgenden Kapitel eingehend beschrieben werden sollen.

3. Voraussetzungen für eine systematische Produktüberwachung und -steuerung

Grundlage eines erfolgversprechenden Lösungsansatzes zur Produktüberwachung und -steuerung muß ein an das Produktspektrum angepaßtes betriebliches Informationswesen sein. Nur wenn gewährleistet ist, daß die erforderlichen Informationen eindeutig einem bestimmten Produkt zugeordnet werden können, lassen sich die für den jeweiligen Fall optimalen Maßnahmen einleiten und durchführen. Aus diesem Grund müssen in den Unternehmen drei Anforderungsgruppen erfüllt sein, damit die Produktüberwachung und -steuerung effektiv durchgeführt werden kann:

a) das Produktspektrum muß systematisch geordnet sein,

b) es muß ein betriebliches Nummernsystem existieren,

c) das Informationswesen muß die für die Produktüberwachung und -steuerung erforderlichen Daten bereitstellen.

Es empfiehlt sich die Entwicklung dieser Komponenten nicht isoliert vorzunehmen, da sie in gegenseitiger Abhängigkeit stehen und häufig gemeinsame Bestandteile aufweisen. Als Beispiel sei hier nur die betriebliche Nummerungstechnik aufgeführt, welcher sowohl bei der Ordnung des Produktspektrums, als auch im Rahmen des betrieblichen Informationswesens eine bedeutende Rolle zukommt.

Darüber hinaus sind bei der Entwicklung dieser Hilfskomponenten besonders die Belange der EDV zu berücksichtigen. Eine Reorganisation nahezu aller betrieblicher Problembereiche ist schon heute, verstärkt aber in Zukunft, nicht ohne den umfassenden Einsatz elektronischer Datenverarbeitungsanlagen möglich.

3.1 Systematische Ordnung des Produktspektrums

Die Überwachung des Kosten- und Erfolgsverhaltens des Produktspektrums eines Unternehmens setzt voraus, daß die Produkte im Hinblick auf die erforderliche Zuordnung von Daten, Informationen und Sachzusammenhängen in eine eindeutige Ordnung gebracht werden. Hierzu ist es erforderlich, zunächst eine Analyse bezüglich der Art, des Aufbaus und des Umfanges des betrachteten Produktspektrums vorzunehmen, um dann auf dieser Basis mit Hilfe geeigneter Abgrenzungs- und Ordnungskriterien ein Ordnungssystem für Produkte zu entwickeln.

Die Anforderungen, die an ein derartiges Ordnungssystems zu stellen sind, sollen im folgenden erläutert werden. Prinzipiell lassen sie sich in zwei Anforderungsgruppen unterteilen:

A. Zusammenführung vergleichbarer Produkteinheiten

Dazu gehören die funktionale, technologische, fertigungstechnische und branchenseitige Vergleichbarkeit der Produkte.

Die funktionale Vergleichbarkeit ist erforderlich, damit die Produkte , die eine weitgehend identische Aufgabenstellung erfüllen, einander zugeordnet werden können. Die technologische Vergleichbarkeit muß beachtet werden, damit die zur Erfüllung einer Funktion geeigneten Technologien zur Bewertung gegenübergestellt werden können. Insbesondere aus Gründen der Kostenüberwachung ist das Zusammenführen fertigungstechnisch ähnlicher Geräte und vor allem Baugruppen und Einzelteile im Hinblick auf die Bestimmung und Überwachung einer kostenoptimalen Fertigung der Produkte unbedingt notwendig. Zur Überwachung der Nachfrage nach bestimmten Produkten muß auch eine branchenseitige Verwandtschaft der Produkte bei der Bildung eines Ordnungssystems berücksichtigt werden, da sich die verfügbaren Statistiken in der Regel an den verschiedenen Branchen orientieren.

B. Ermöglichen des Zugriffs auf produktbezogene Informationen

Zu dieser Anforderungsgruppe zählen insbesondere die Eindeutigkeit der Produktkennzeichnung, die abwicklungsorientierte Differenzierung der Produkte sowie die Berücksichtigung spezieller produkt- und unternehmensspezifischer Zugriffskriterien.

Nur durch eine eindeutige Kennzeichnung der Produkte innerhalb eines Ordnungssystems, d. h. gleichartige Produkte dürfen nur an einer definierten Stelle des Ordnungssystems aufgeführt werden, kann gewährleistet werden, daß eine unverfälschte Überwachung des Kosten- und Erfolgsverhaltens durchgeführt wird. In diesem Zusammenhang ist zu beachten, daß nicht nur die Endprodukte sondern auch die in ihnen enthaltenen Baugruppen und ggf. Einzelteile überwacht werden. Dies erfordert eine unternehmensinterne, abwicklungsorientierte Differenzierung des Produktspektrums nach Geräten, Baugruppen und Einzelteilen. Weiterhin ist die Berücksichtigung weiterer spezieller Zugriffskriterien, die beispielsweise die Funktion näher kennzeichnen, wünschenswert.

Die dargestellten Sachverhalte machen deutlich, daß ein den gestellten Forderungen gerecht werdendes Ordnungssystem für Maschinenbauprodukte in gleichem Maße verkaufsorientierten wie produktionsorientierten Gesichtspunkten Rechnung tragen muß.

Im Hinblick auf die Bildung eines Ordnungssystems für Produkte müssen nun Ordnungskriterien gefunden werden, mit deren Hilfe vergleichbare Produkte hinreichend genau beschrieben werden können. Generell lassen sich derartige Ordnungskriterien nach Kriterien dispositiven und sachfixen Charakters unterscheiden (Bild 12).

Sachfixe Ordnungskriterien sind immer zeit- und verwendungsunabhängig, während dispositive Kriterien bezogen auf eine Sache in Abhängigkeit von der betrieblichen Abwicklung Änderungen unterworfen sind. Als typische sachfixe Kriterien sind z.B. Komplexität, Funktion oder technische Details technischer Gebilde anzusehen, während beispielsweise Beschaffungs- oder Verwendungsart eindeutig dispositiven Charakter aufweisen.

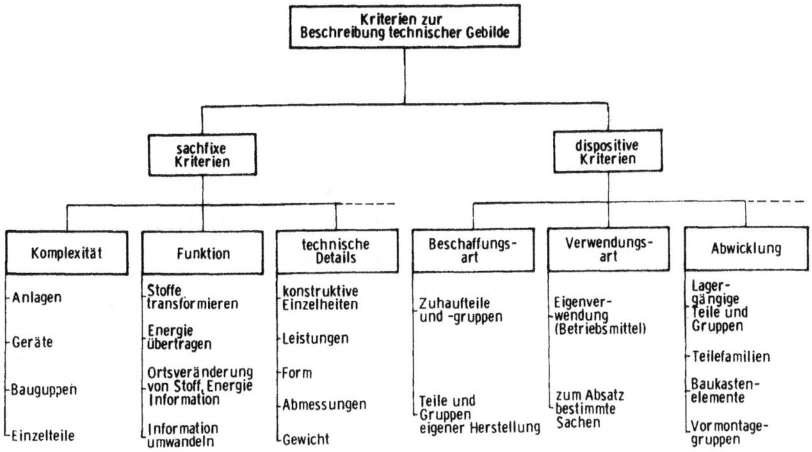

Bild 12: Kriterien zur Beschreibung technischer Gebilde

Hinsichtlich der Bildung eines zeitbeständigen Ordnungssystems für technische Gebilde ist naturgemäß sachfixen Beschreibungskriterien der Vorzug zu geben. Es muß jedoch berücksichtigt werden, daß die Produkte, bevor sie einer Ordnung zugänglich sind, zunächst exakt gegeneinander abgegrenzt werden müssen. Bei dieser Abgrenzung muß primär beachtet werden, daß die einmal vorgenommene Gruppenbildung während der verschiedenen Lebensstadien Produktentstehung, Produktherstellung und Produktabsatz möglichst beibehalten werden sollte. Praktisch bedeutet dies, daß die Belange sämtlicher an diesen Prozessen beteiligten Unternehmensbereiche berücksichtigt werden müssen.

Erfahrungen in der Industrie /12,13/ haben gezeigt, daß sich die angeführten Kriterien zur Beschreibung technischer Gebilde auch für diese Gruppenabgrenzung eignen, wobei der Schwerpunkt jedoch bei den dispositiven Kriterien liegt. Dieser Sachverhalt schließt jedoch keineswegs aus, daß nach dispositiven Kriterien abgegrenzte Gruppen anschließend mittels sachfixer Kriterien geordnet werden.

3.1.1 Erzeugnisgliederung

Für die praktische Durchführung der Gruppenabgrenzung ist zunächst eine Erzeugnisgliederung durchzuführen. In einer Erzeugnisgliederung zerlegt man ein Erzeugnis in Form eines Gliederungsstammbaumes in überschaubare Einheiten, wobei bei der Zerlegung die geschilderten Abgrenzungskriterien heranzuziehen sind. Zur Vereinfachung des Erstellungsvorgangs empfiehlt es sich, Richtlinien über Art und Gewichtung der einzelnen Kriterien zu entwickeln /14/.

Bild 13 zeigt als konkretes Beispiel die Gliederung einer Heizplattenpreßanlage.

Diese Anlage wird zunächst nach funktionalen, also sachfixen Kriterien in die Gruppen Beschickrollgang, Kaltvorpresse, Stapelrollbahn usw. zerlegt. Die weitere Untergliederung zeigt jedoch schon, daß die vorgenommene Abgrenzung durchaus auch dispositiven Belangen genügt. So kann beispielsweise die in Gliederungsebene 3 aufgeführte Funktionsgruppe E-Motor sowohl als Lagergruppe, als Zukaufgruppe oder als Montagegruppe aufgefaßt werden.

Natürlich geht die Gliederungstiefe über die bildliche Darstellung hinaus; sie kann sich insbesondere in der Programmfertigung gegebenenfalls bis zum Einzelteil erstrecken.

Nach erfolgter Gruppenabgrenzung gilt es nun, mit Hilfe sachfixer Kriterien ein Ordnungssystem für Produkte aufzubauen, welches zunächst die Zusammenführung funktional, branchenseitig, technologisch und fertigungstechnisch vergleichbarer Produkte ermöglicht. Darüber hinaus sollten in diesem Ordnungssystem spezielle Zugriffskriterien enthalten sein, welche eine weitere Differenzierung der Produkte nach überwiegend technischen Gesichtspunkten erlauben.

Die gemeinsame Berücksichtigung der angeführten Vergleichbarkeitsanforderungen macht Überlegungen hinsichtlich der Auswahl und

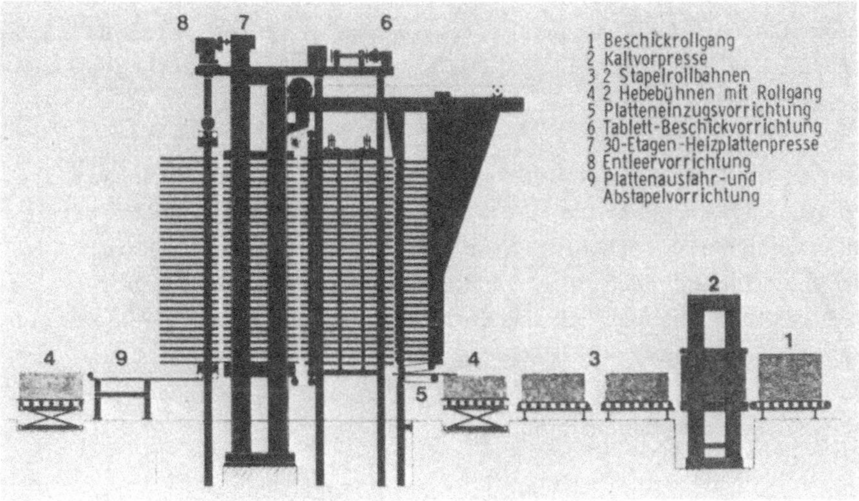

ERZEUGNISGLIEDERUNG
EINER HEIZPLATTENPRESSANLAGE

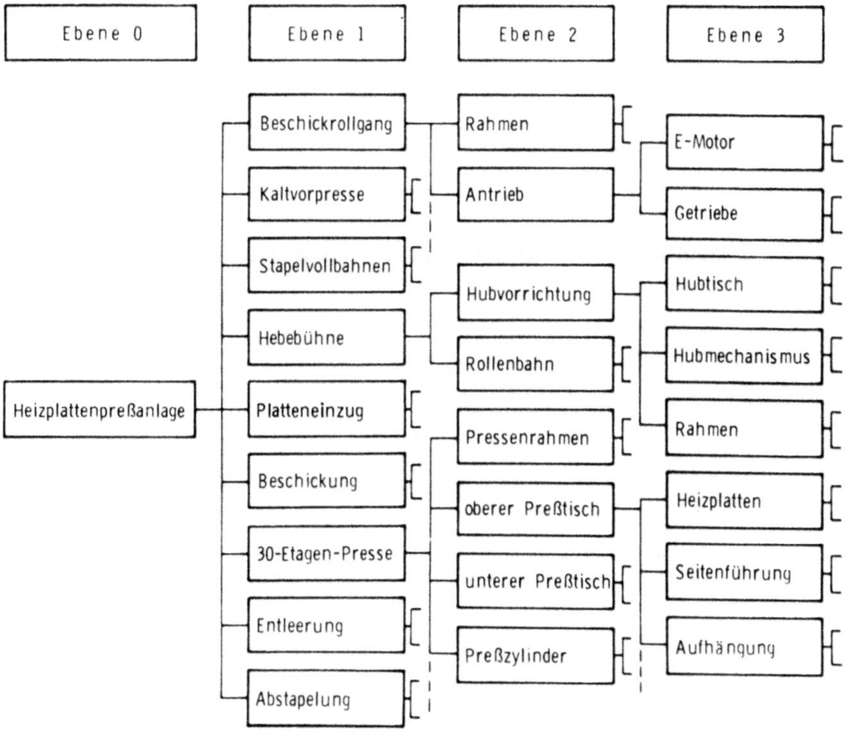

Bild 13: Erzeugnisgliederung einer Heizplattenpreßanlage

Priorisierung der Ordnungskriterien erforderlich. Eine Betrachtung der in der Erzeugnisgliederung verwendeten Abgrenzungskriterien liefert hierzu Ansätze.

Die in der Erzeugnisgliederung gebildeten Gruppen sind mit steigender Gliederungstiefe durch einen abnehmenden Komplexitätsgrad gekennzeichnet. Darüber hinaus werden die Gruppen höherer Komplexität überwiegend nach verkaufsorientierten Aspekten gebildet, während bei den Gruppen geringeren Komplexitätsgrades produktionsorientierte Gründe stärker maßgebend sind (Bild 14). Diese Erfahrung beruht auf umfangreichen Industrieuntersuchungen in ca. 20 Unternehmen des Maschinenbaus.

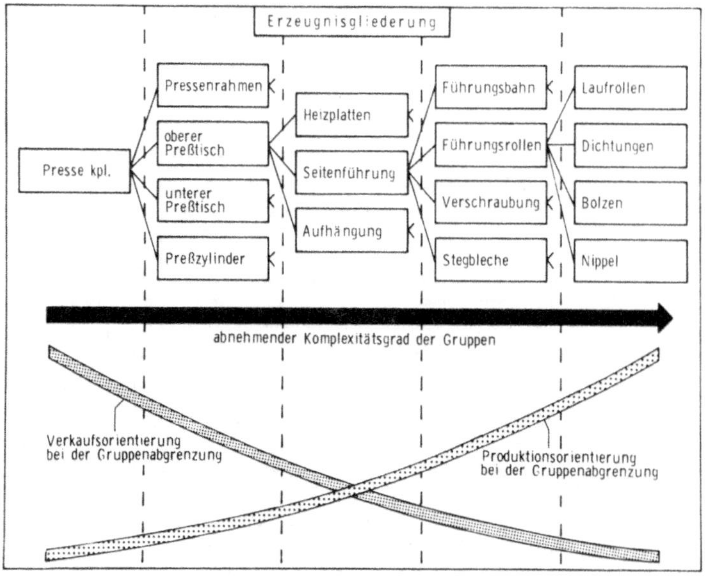

Bild 14: Zusammenhang zwischen Komplexitätsgrad und Art der Abgrenzungskriterien in der Erzeugnisgliederung

Es bietet sich daher an, den Komplexitätsgrad als primäres Ordnungskriterium für ein Ordnungssystem zu wählen, dieses System dann verzweigt aufzubauen und die Gruppen unterschiedlicher

Komplexität innerhalb der einzelnen Zweige separat mittels der für sie relevanten Kriterien weiter zu ordnen.

3.1.2 Ordnungssystem für Maschinenbauprodukte

Aufbauend auf den im vorherigen Abschnitt beschriebenen Erkenntnissen soll nun ein Beispiel für ein Produktordnungssystem vorgestellt werden, daß den gestellten Anforderungen Rechnung trägt. In Bild 15 ist die Grobkonzeption dieses Systems dargestellt.

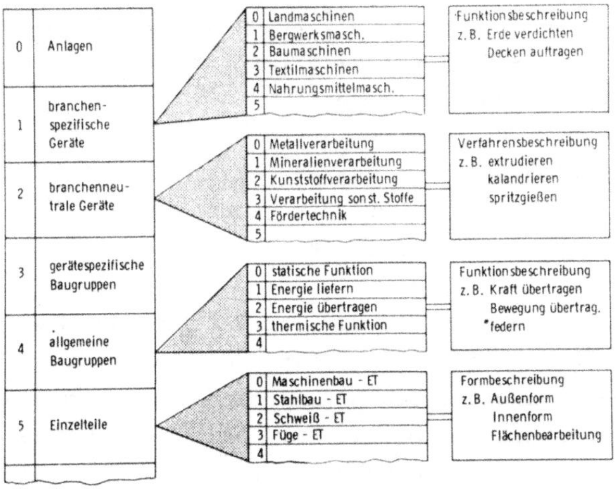

Bild 15: Grobkonzeption einer Klassifizierung für Maschinenbauprodukte

Während bei Anlagen, Geräten oder Baugruppen die Verkaufsorientierung durch funktionale oder branchenseitige Ordnungskriterien Berücksichtigung findet, werden beispielsweise Einzelteile nach fertigungstechnischen Kriterien eingeteilt.

Über den Aufbau von Klassifizierungssystemen für Baugruppen und Einzelteile gibt die einschlägige Fachliteratur /15, 16/ hinreichend Auskunft.

Im Hinblick auf den zweckmäßigen Aufbau einer Anlagen- und Geräteklassifizierung bieten sich folgende Überlegungen an:

Die Anlagen und Geräte des Maschinenbaus sind dadurch charakterisiert, daß sie der Transformation bzw. der Ortsveränderung von Stoffen dienen. Zur Durchführung dieser Vorgänge sind u.a. Energie und Information erforderlich. Diese Stoff-, Energie- und Informationsflüsse bestimmen weitgehend die Funktion und den konstruktiven Aufbau der Maschinen. Weitere Faktoren, wie Umweltbedingungen, Einsatzfrequenzen usw., sind als Randbedingungen zu berücksichtigen; sie ändern nicht den prinzipiellen Aufbau der Maschine und sollten daher auch nur zur speziellen Beschreibung bestimmter Maschinengruppen herangezogen werden. Es sind demnach folgende Merkmale als Ordnungskriterien für eine allgemeine sachfixe Produktaufgliederung geeignet:

a) Art der Funktion
b) Art des der Funktionsausübung zugrunde liegenden Verfahrens
c) Konstruktions- bzw. Wirkprinzip.

Die Erfahrung hat nun gezeigt, daß der Versuch, Anlagen und Geräte auf der Basis dieser Kriterien in einem einzigen Klassifizierungssystem zu ordnen, aufgrund des unterschiedlichen Komplexitätsgrades dieser Gebilde nicht sinnvoll ist. Anlagen und Geräte werden daher in der Klassifizierung separat erfaßt. Die weitere Trennung der Geräte in branchenspezifische und branchenneutrale Geräte erfolgt aufgrund folgender Überlegung :

Beim Versuch einer funktionalen Produktbeschreibung zeigt es sich, daß schon mit einer relativ geringen Anzahl von Funktionen sich ein sehr großer Teil der Produkte mit Hilfe dieser Funktionen beschreiben läßt, während die restlichen Produkte einer funktionalen Beschreibung nur bei einem unverhältnismäßigen Mehraufwand zugänglich sind. Für diese Produkte hat sich die zugehörige Branche als sinnvoller primärer Ordnungsbegriff herausgestellt. Analoge Sachverhalte konnten auch auf der Baugruppenebene festgestellt werden /17/.

Bei der Auslegung von Klassifizierungssystemen für Anlagen und Geräte sind weiterhin zwei konträre Einflußgrößen zu berücksichtigen:

- Die Systeme sollen neben der Möglichkeit zur elektronischen Datenverarbeitung auch die Möglichkeit zur einfachen manuellen Handhabung bieten. Dies erfordert eine überschaubare Anzahl von Schlüsselstellen und Schlüsselpositionen innerhalb dieser Stellen.

- Die in den Systemen zu erfassenden Anlagen und Geräte müssen entsprechend den Aufgaben der Produktüberwachung genau beschrieben werden können. Eine solche Beschreibung wird naturgemäß durch eine begrenzte Anzahl von Schlüsselstellen eingeschränkt.

Die Praxis hat gezeigt, daß diese beiden Einflußgrößen insbesondere dann schwer in Einklang zu bringen sind, wenn man versucht, Aufbau und Inhalt der Klassifizierung für den gesamten Maschinenbau allgemeingültig zu gestalten. Eine Aufteilung aller Anlagen und Geräte des Maschinenbaus ist bei einem vertretbaren Umfang der Klassifizierung kaum zu erreichen. Es bietet sich daher an, zunächst eine allgemein anwendbare Grundkonzeption für einen geeigneten Schlüsselaufbau zu entwickeln, den Inhalt der Klassifizierung jedoch auf das jeweilige Unternehmen zuzuschneiden /13/.

Aufgrund dieser Überlegungen basiert das im folgenden beschriebene Klassifizierungssystem für branchenneutrale Geräte und Bereiche aus dem Produktspektrum eines deutschen Maschinenbaukonzerns. Das System umfaßt maximal 11 Stellen, wobei in den Stellen 1 bis 5 eine systematische Aufgliederung des Produktspektrums vorgenommen wird, während in den Stellen 6 bis 11 eine weitere Differenzierung der einzelnen Geräte mittels charakteristischer Daten und Merkmale erfolgt. Es handelt sich um einen rein numerischen Schlüssel, der in den ersten 5 Stellen einen verzweigten Aufbau hat, während die weiteren Stellen parallel zugeordnet sind.

Beim Aufbau des Ordnungssystems bedingte die Vielzahl der zu erfassenden Erzeugnisse, sowie die beschränkte Anzahl der Schlüsselpositionen einen verzweigten Aufbau. Ein solcher Aufbau zwingt innerhalb der Zweige zur Bildung von Oberbegriffen, da ein paralleles Aufführen der Ordnungskriterien, wie dies bei einem unverzweigten Aufbau der Fall ist, nicht mehr möglich ist. So werden beispielsweise Bagger, Krane, Förderbänder usw. zunächst unter dem Oberbegriff "Fördertechnik" zusammengefaßt, ehe sie in den weiteren Schlüsselstellen separat angesprochen werden können. Für die Benennung der einzelnen Ordnungsstufen wurden die in DIN 6763 vorgeschlagenen Begriffe "Gebiet", "Art", "Klasse" und "Typ" herangezogen. Das Gesamtspektrum der Geräte wird also zunächst in verschiedene Gebiete aufgeteilt, die sich dann weiter nach Art, Klasse und Typ verzweigen.

Als Beispiel sei die Aufgliederung des Gebietes Fördertechnik gezeigt (Bild 16). Dieses Gebiet gliedert sich in der 3. Schlüsselstelle in die Produktarten "Hebezeuge", "Krane", "Stetigförderer" usw. Die hier verwendeten Begriffe machen deutlich, daß weitgehend die in der Praxis gebräuchliche Terminologie beibehalten werden konnte. Es ist jedoch erforderlich, diese Begriffe auf ihren Begriffsinhalt hin speziell zu definieren, um ein falsches Einordnen neu hinzukommender Produkte zu verhindern.

Im Anschluß an die Aufgliederung des Produktspektrums erfolgt eine weitere Differenzierung der jeweiligen Gerätetypen mittels charakteristischer Daten und Merkmale. Hierbei handelt es sich einmal um technische Daten, wie z. B. Drehzahl, Leistung oder Energiebedarf, weiterhin um die Beschreibung technischer Details sowie letztlich um allgemeine Auslegungsdaten, wie etwa Abmessungen oder Gewicht.

Der Aufbau dieses Schlüsselteiles ist derart, daß die in einer Schlüsselstelle vorgenommene Beschreibung unabhängig von Aussagen ist, die in anderen Schlüsselstellen getroffen werden.

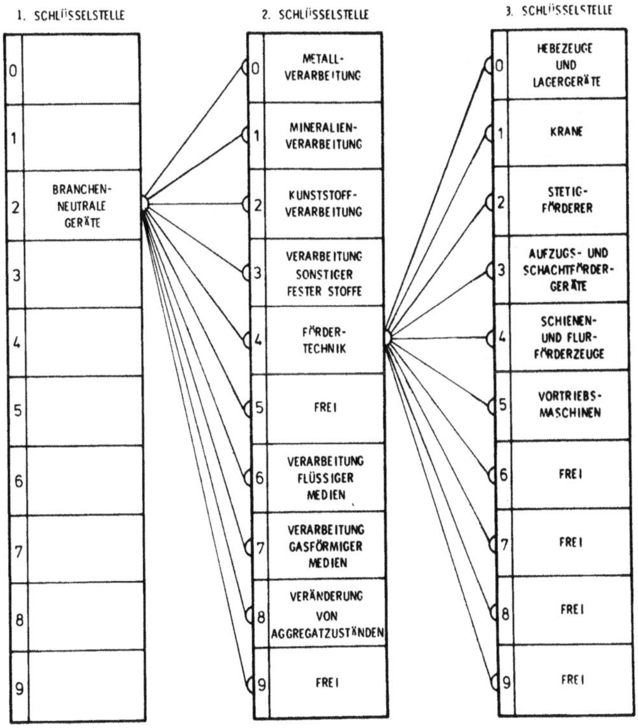

Bild 16: Übersicht über die Aufgliederung branchenneutraler Geräte

Bild 17 zeigt als Beispiel die Einordnung der Laufkrane in das Klassifizierungssystem für branchenneutrale Geräte. In den ersten Schlüsselstellen werden sämtliche Geräte gleicher Funktion und gleichen Wirkprinzips zusammengefaßt. Die weitere Beschreibung mit Hilfe der Merkmale "Tragfähigkeit", "Spannweite", "Katzart" usw. ermöglicht eine detaillierte Kennzeichnung der jeweiligen Laufkrane. Im unteren Bildteil ist ein praktisches Verschlüsselungsbeispiel eines Laufkranes dargestellt.

Die Klassifizierungssysteme für Anlagen und branchenspezifische Geräte sollen hier nicht näher beschrieben werden. Sie sind analog konzipiert.

	1	2	3	4	5	6	7	8	9	10	11
	Sache	Gebiet	Art	Klasse	Typ	Tragfähigkeit [to]	Spannweite [m]	Katzart	Lastaufnahmemittel	Steuerung	Fahrantrieb
0				Brücken- bzw. Laufkrane	Profilträgerkrane	≤ 0,8	≤ 10	Einschienenkatze	Lasthaken	Flursteuerung	Haspelantrieb
1			Krane		Fachwerkträgerkrane	≤ 1,6	≤ 20	Zweischienenkatze	Greifer	Führerhaus am Kran	Zentralantrieb
2	branchenneutrale Geräte				Vollwandträger	≤ 3,2	≤ 30	Mehrschienenkatze	Traversen	Führerhaus an der Katze	beidseitiger Antrieb
3					Kastenträgerkrane	≤ 6,3	≤ 40	Auslegerkatze	Klemmen, Zangen	Fernsteuerung	Viereckenantrieb
4		Fördertechnik			aufgebockte Krane	≤ 12,5	≤ 50	Winkelkatze	Spreader		
5											

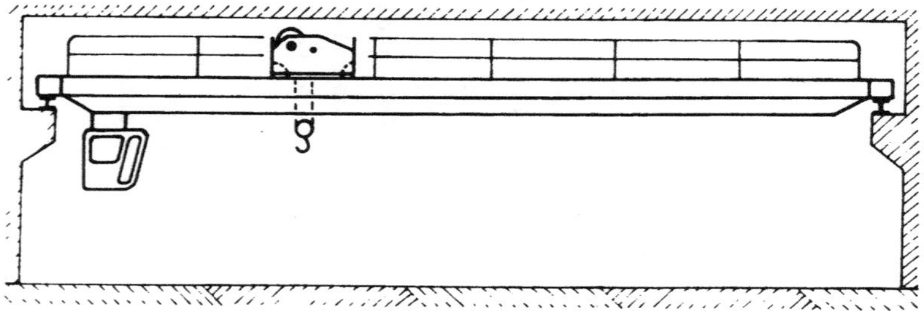

Klassifizierungs-Nr. 2 4 1 0 3 4 2 1 0 1 2

Sache: Branchenneutrales Gerät
Gebiet: Fördertechnik
Art: Krane
Klasse: Laufkrane
Typ. Kastenträgerkran
Tragfähigkeit: 10 to
Spannweite: 25 m
Katzart: Zweischienenkatze
Lastaufnahme: Lasthaken
Steuerung: Führerhaus am Kran
Fahrantrieb: beidseitiger Antrieb

Bild 17: Klassifizierung eines Laufkranes

3.2 Betriebliche Nummerungstechnik

Mit Hilfe der Klassifizierung ist die Ordnung von Produktspektren durchführbar, zur unverwechselbaren Zuordnung von Informationen zu einem bestimmten Produkt ist sie jedoch nicht ausreichend. Hierzu ist vielmehr eine eindeutige Identifizierung des jeweiligen Produktes erforderlich. Sachbezogen erfolgt diese Identifizierung über die Sachnummer, während die Identifizierung auftragsbezogen über die Auftragsnummer erfolgt.

3.2.1 Sachnummerung

Die Zusammenführung identischer oder ähnlicher Produkte ist bei der Produktüberwachung vornehmlich bei produktbezogenen, statistischen Untersuchungen erforderlich. Hinsichtlich der Sachnummerung kommt es in diesem Zusammenhang darauf an, identische oder ähnliche Produkte so zu kennzeichnen, daß eine Zusammenführung losgelöst von zeitabhängigen Dispositionsmerkmalen ermöglicht wird.

Bezüglich des zweckmäßigen Aufbaus der Sachnummerung empfiehlt die einschlägige Fachliteratur /15/ heute Systeme, welche nach dem Prinzip der Parallelverschlüsselung aufgebaut sind. Unter Parallelverschlüsselung versteht man die separate Verschlüsselung isolierbarer Sachen oder Sachverhalte.

Dabei erfolgt die Identifizierung über eine aussagelose, systemfreie Zählnummer. Diese sogenante Identnummer fungiert als gemeinsame Adresse für identische Sachen und sich auf diese beziehende Informationen in sämtlichen Informationskreisen des Unternehmens. An diese Identnummer schließt sich dann die Sachklassifizierung an, mit der die verwendungsabhängige Beschreibung von Sachen durchgeführt wird. Identifizierung und Sachklassifizierung können dabei getrennt gehandhabt werden.

3.2.2 Auftragsnummerung

Neben der Zusammenführung von Produkten, welche hinsichtlich sachfixer Kriterien identisch oder ähnlich sind, stellt sich im Rahmen der Produktüberwachung insbesondere bei der Erfolgs- und Kostenkontrolle das Problem der Umsatz- bzw. Kostenzuordnung. Diese Aufgaben können von der Sachnummer immer dann nicht ausreichend erfüllt werden, wenn identische Produkte oder identische Gruppen und Teile daraus in mehrfacher Ausführung oder zu unterschiedlichen Zeiten anfallen, da ja identische Sachen dieselbe Identnummer erhalten. Eine eindeutige Kostenzuweisung ist in solchen Fällen über die Sachnummer nicht mehr möglich. Aus diesem Grunde muß in den Unternehmen neben dem Sachnummernkreis ein zweiter Nummernkreis parallel bestehen, der mit Auftragsnummernkreis bezeichnet werden kann.

Der nummerungstechnische Aufbau der Auftragsnummer erfolgt sinnvoll analog zur Sachnummer nach dem Prinzip der Parallelverschlüsselung. Dementsprechend werden zweckmäßig folgende separate Nummernteile gebildet:

a) Die Auftragsidentifizierung
   Die Identifizierung erfolgt über eine systemfreie fortlaufende Nummer, welche beliebig nach links erweitert werden kann. (Keine Systemsprengung)

b) Die Auftragsstrukturierung
   Die Aufgabe dieses Nummernteiles besteht in der Zuweisungsmöglichkeit von Auftragsdaten zu übergeordneten Gruppen innerhalb des Gesamtauftrags. Der Aufbau dieses Nummernteils ist stark von den betrieblichen Gegebenheiten abhängig.

c) Die Auftragsklassifizierung
   Aussagen über Auftragsart, Kundenkreis oder Auftragsinhalt können mit Hilfe dieses Nummernteils verschlüsselt werden. Zur Beschreibung des Auftragsinhalts wird zweckmäßigerweise die Kennzahl aus der Sachklassifizierung übernommen. Die Klassifizierung als Bestandteil beider Nummernkreise ermöglicht dann deren Verbindung.

Die Darstellung der Auftragsstruktur erfolgt heute in der Praxis insbesondere in der Auftragsfertigung meist nur einstufig in Form einer sogenannten Kommissionsbildung. Diese Strukturierung ist jedoch für eine hinreichend genaue Kostenverfolgung in den meisten Fällen nicht ausreichend. Mit Hilfe der Erzeugnisgliederung wird es jedoch möglich, die Auftragsstrukturierung bis zu beliebiger Tiefe durchzuführen.

Nachdem in den vorherigen Abschnitten die Voraussetzungen für eine eindeutige Zuordnung der Informationen zu den jeweiligen Kostenträgern erläutert wurden, sollen nunmehr die informatorischen Grundlagen für die Produktüberwachung und -steuerung aufgezeigt werden.

3.3 Informationssystem

Das zielbezogene, koordinierte Arbeiten aller Instanzen eines Unternehmens hängt in starkem Maße von der Funktionsfähigkeit des betrieblichen Informationswesens ab. So ist naturgemäß auch die Effektivität einer systematischen Produktüberwachung und -steuerung sehr stark von der Qualität und Aktualität der zur Verfügung stehenden Daten abhängig. Hält man sich die Datenmengen vor Augen und betrachtet die möglichen Auswirkungen produktpolitischer Entscheidungen, so wird klar, daß derartige Entscheidungen nur auf einer soliden Informationsbasis getroffen werden können.

Die Vorbereitungen zum Aufbau eines Informationssystems umfassen vier wichtige Aufgabenkomplexe (Bild 18). Bezüglich der generellen Anforderungen an ein Informationssystem sowie der technischen und organisatorischen Hilfsmittel findet man in der Literatur /19,20,21, 22,23/ eine Vielzahl von Vorschlägen bzw. Lösungen. Aus diesem Grunde sollen hier schwerpunktmäßig die Ermittlung des Informationsbedarfs sowie der zugehörigen Informationsquellen und -träger behandelt werden.

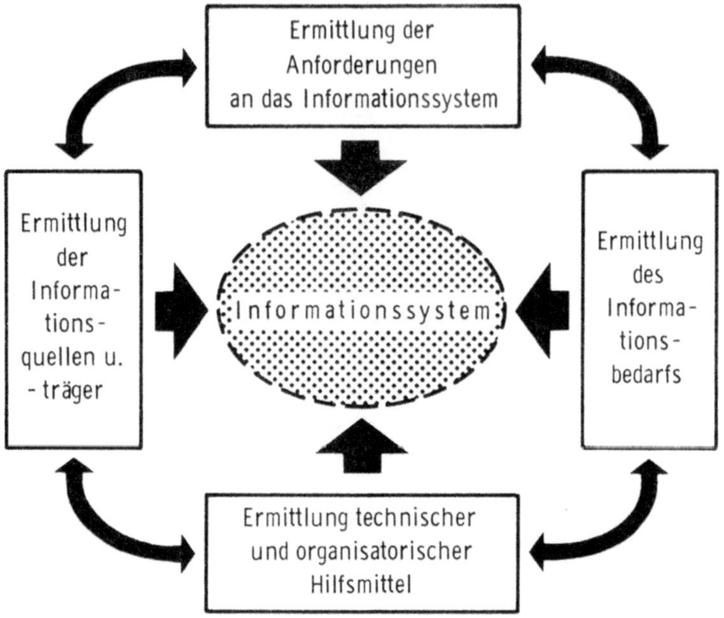

Bild 18: Vorbereitende Aufgabenkomplexe für den Aufbau von Informationssystemen

Zweckmäßigerweise geht man bei der Ermittlung des jeweiligen Informationsbedarfs in drei Schritten vor:

a) Festlegen des informationsnachfragenden Bereiches,

b) Ermitteln der in diesem Bereich zu lösenden Teilaufgaben,

c) Ermitteln der zur Lösung der Teilaufgaben benötigten Informationen.

Bild 19 verdeutlicht diese Vorgehensweise an einem Beispiel. Auf diese Art können nacheinander für alle Teilaufgaben der Produktüberwachung und -steuerung die relevanten Informationen bestimmt werden. In Bild 20 ist den wichtigsten Teilaufgaben der erforderliche Informationsbedarf gegenübergestellt. In einem weiteren Teilschritt muß nunmehr in Abhängigkeit von den unternehmensspezifischen Gegebenheiten eine genaue Zuordnung und weitere Detaillierung des Informationsbedarfs vorgenommen werden.

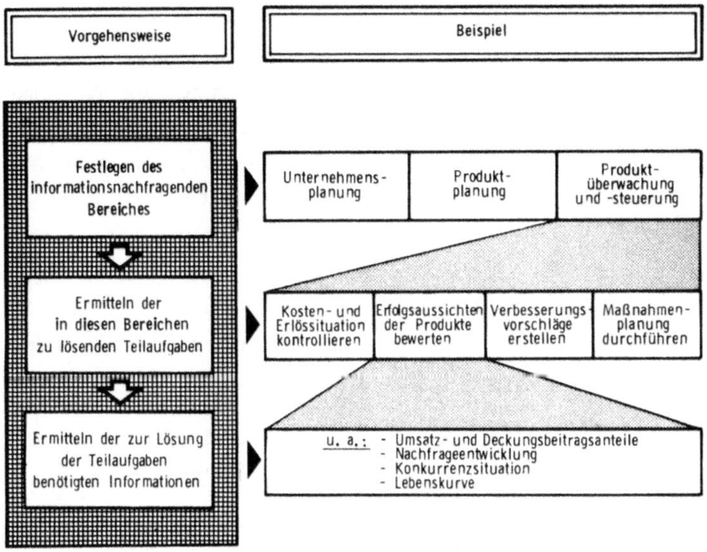

Bild 19: Vorgehensweise zur Ermittlung des Informationsbedarfs

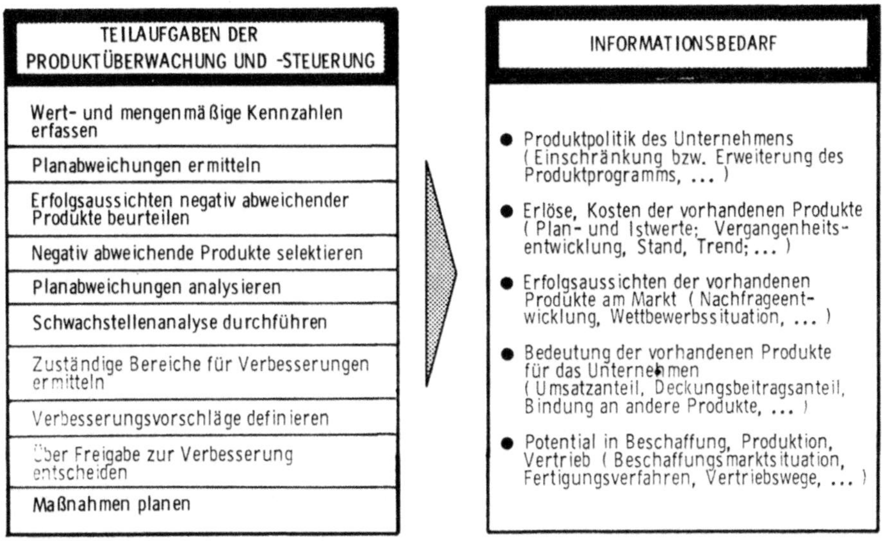

Bild 20: Informationsbedarf der Produktüberwachung und -steuerung

Damit in dieser Phase keine unrealistischen Anforderungen an das zu entwickelnde Informationssystem gestellt werden, sind hierbei insbesondere die Verfügbarkeit interner und externer Informationen zu berücksichtigen. Auf die Beschaffung interner Informationen hat z. B. der Aufbau des betrieblichen Rechnungswesens einen erheblichen Einfluß.

Nach der Ermittlung des Informationsbedarfs sind in einem weiteren Schritt die zugehörigen Informationsquellen zu bestimmen. In Bild 21 sind für die wichtigsten unternehmensinternen und -externen Informationen die möglichen Quellen benannt worden. Bei der Beschaffung

Informationen			Informationsquellen: Geschäftsleitung	Unternehmensplanung	Rechnungswesen	Konstruktion u. Entwicklung	Produktion	Vertrieb	Marktforschung
Unternehmensintern	Umsatz	Plan	●	●					
		Ist			●			●	
		Vergangenheitsentwicklung			●			●	
	Kosten	Plan		●					
		Ist			●				
Unternehmensextern	Marktstruktur	Stand						●	●
		Trend							●
	Konkurrenzsituation	eigene Marktanteile						●	●
		Marktanteile der Konkurrenten						●	●
	Technologie, Substitutionsgefahr	Maschinen, Verfahren					●		●
		Bauteile				●			●

Bild 21: Informationsbedarf und Informationsquellen der Produktüberwachung und -steuerung

unternehmensexterner Informationen sei an dieser Stelle insbesondere auf die statistischen Auswertungen von Verbänden hingewiesen. So stellen beispielsweise der Zentralverband der Elektrotechnischen Industrie (ZVEI) und der Verein Deutscher Maschinenbau-Anstalten (VDMA) ihren Mitgliedern detailliert ausgearbeitete Marktstatistiken zum Teil kostenlos zur Verfügung. Darüber hinaus können die amtlichen Statistiken des Statistischen Bundesamtes ausgewertet werden, die nach Industriesektoren gegliedert sind (Bild 22). Auf der untersten Gliederungsebene wird nach ca. 5.900 Warenarten unterschieden, so daß mit Hilfe dieser Statistiken schon eine gute

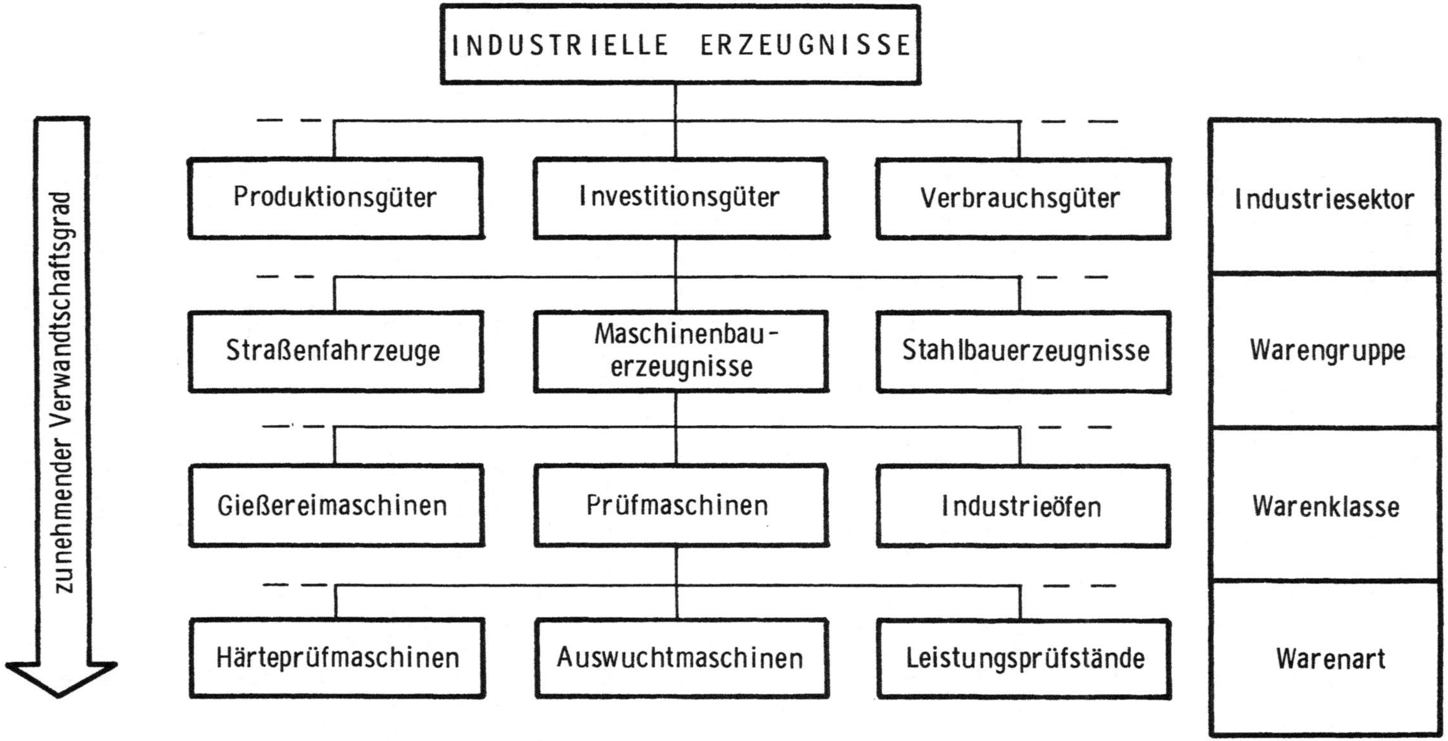

Bild 22: Warengliederung des statistischen Bundesamtes

Marktübersicht für einzelne Produkte erzielt werden kann. Darüber hinaus müssen diese Statistiken jedoch durch eigene Recherchen in der Wirtschaftspresse und durch Angaben der Vertriebsabteilung ergänzt werden /24/.

Nachdem nunmehr die wesentlichen Voraussetzungen für eine systematische Produktüberwachung und -steuerung behandelt worden sind, soll im folgenden die eigentliche Durchführung ausführlich beschrieben werden.

4. Systematische Durchführung der Produktüberwachung und -steuerung

Die Produktüberwachung und -steuerung wurde in den vorherigen Abschnitten als kombinierter Kontroll- und Planungsvorgang beschrieben. Aufbauend auf diesen Überlegungen kann nunmehr der prinzipielle Aufbau des Systems abgeleitet werden /25/.

4.1 Aufbau eines Systems zur Produktüberwachung und -steuerung

Die Produktüberwachung und -steuerung gliedert sich in zwei aufeinander folgende Teilsysteme (Bild 23). Diese Zweiteilung ergibt sich aus der in Kapitel 2.1 definierten Aufgabenstellung. Danach ist die Produktüberwachung ein kontinuierlicher Vorgang, während die Produktsteuerung nur bei einem festgestellten Fehlverhalten ansonsten erfolgversprechender Produkte durchgeführt wird.

Die Überwachungsphase gliedert sich wiederum in zwei Teilabschnitte. In einem ersten Schritt wird das Kosten- und Erfolgsverhalten der Produkte kontrolliert. Dazu gehören neben einer globalen Marktbetrachtung die Erfassung wert- und mengenmäßiger Kennzahlen und ein periodischer Plan-/Istwert-Vergleich. Bei festgestellten negativen Abweichungen müssen in einem zweiten Teilschritt die Erfolgsaussichten der Produkte analysiert und bewertet werden.

Die Ergebnisse der Produktüberwachung bilden die Grundlage für die Steuerungsphase, die sich ebenfalls in zwei Teilabschnitte untergliedern läßt. Zuerst muß für die im Rahmen der Überwachung festgestellten Abweichungen eine detaillierte Schwachstellenanalyse durchgeführt werden. Im Anschluß daran erfolgt die Planung geeigneter Steuerungsmaßnahmen, die von konstruktiven Veränderungen am Produkt bis zu preispolitischen Eingriffen reichen können.

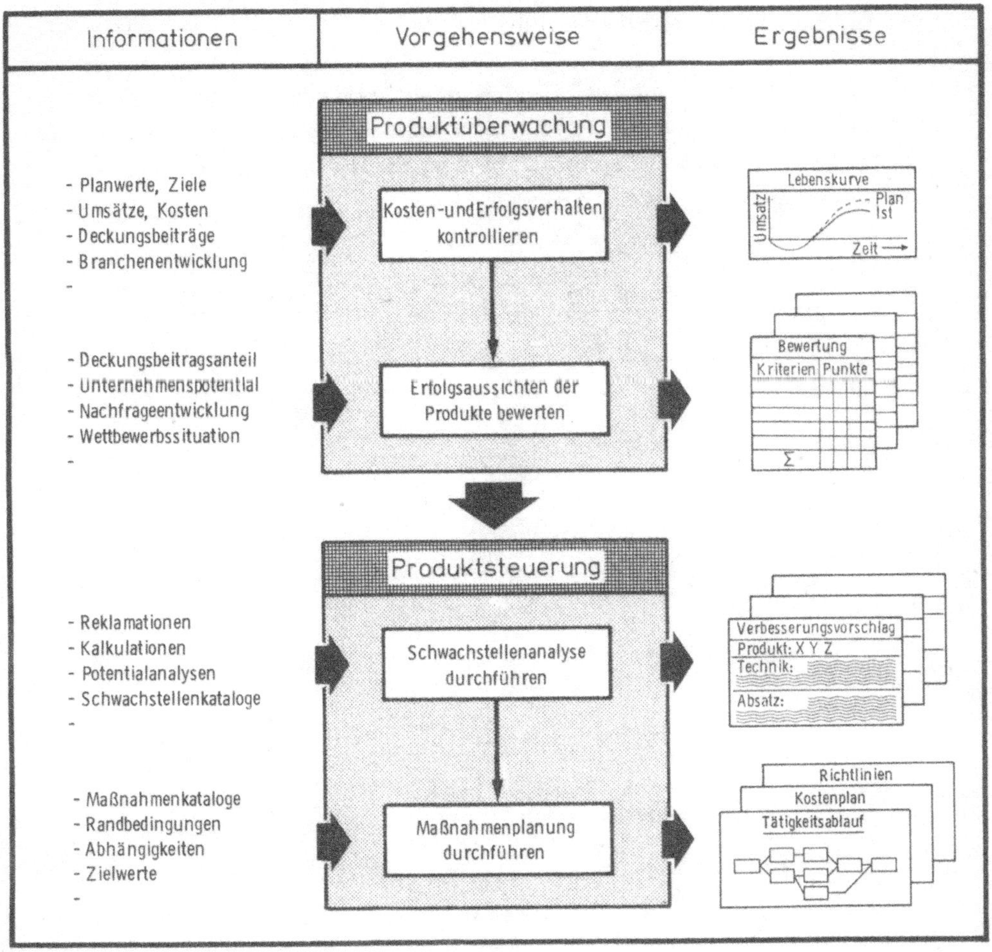

Bild 23: System zur Produktüberwachung und -steuerung

Im folgenden werden die bei der Durchführung der einzelnen Arbeitsschritte erforderlichen Aktivitäten in ihrer zeitlichen und funktionalen Reihenfolge aufgeführt und detailliert beschrieben.

4.2 Ablauf der Produktüberwachung

Die Produktüberwachung ist eine kontinuierliche Aufgabe mit der Zielsetzung, während des Produktabsatzes Abweichungen von den für die Produkte geplanten Kennzahlen zu ermitteln. Der detaillierte Ablauf ist in Bild 24 dargestellt.

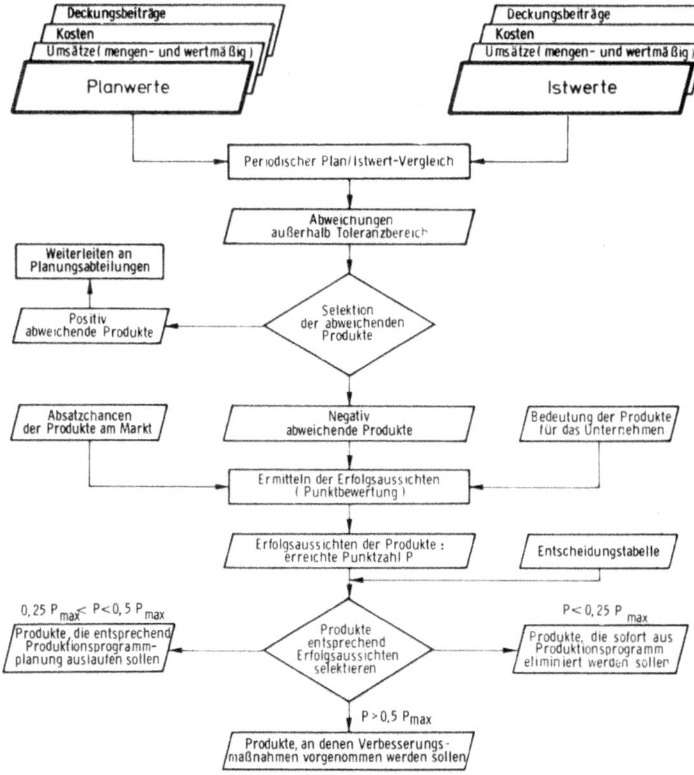

Bild 24: Ablauf der Produktüberwachung

Grundlage jeder Konstrolle ist die vorherige Erstellung von Planwerten. Diese müssen dann in einem festgelegten Rhythmus anhand der tatsächlich erreichten Werte überprüft werden. Überschreiten die Abweichungen die zuvor festgelegte obere Toleranzgrenze, so sollten die festgestellten Daten an die zuständigen Planungsabteilungen weitergeleitet werden, um eventuell Plankorrekturen durchführen zu können /26/.

Zeigt sich beim Plan-Istwert-Vergleich dagegen eine starke "negative" Abweichung, d. h. sind die Istwerte geringer als die untere Toleranzgrenze, so ist es zunächst erforderlich, die zukünftigen Erfolgsaussichten der abweichenden Produkte zu ermitteln. Dies geschieht zweckmäßigerweise mit einem Punktbewertungssystem, da sowohl quantitative als auch qualitative Einflußgrößen berücksichtigt werden müssen. Dabei sind die Produkte zum einen hinsichtlich ihrer Bedeutung für das Unternehmen und zum anderen hinsichtlich ihrer Erfolgsaussichten am Markt zu beurteilen. Dadurch wird sichergestellt, daß nur für solche Produkte Verbesserungsmaßnahmen vorgenommen werden, die sich für das Unternehmen als noch aussichtsreich erweisen.

In Abhängigkeit der bei der Bewertung erreichten Punktwertzahl wird die Art der einzuleitenden Maßnahmen bestimmt. Hierbei werden die Produkte eingeteilt in solche,

- die sofort aus dem Produktionsprogramm eliminiert werden sollen,
- die entsprechend der Produktionsprogrammplanung auslaufen sollen,
- an denen Verbesserungsmaßnahmen vorgenommen werden sollen.

4.2.1 Kontrolle des Kosten- und Erfolgsverhaltens der Produkte

Der erste Teilschritt der Produktüberwachung besteht, wie bereits erwähnt, in der Kontrolle des Kosten- und Erfolgsverhaltens der Produkte. Große Schwierigkeiten bereitet hier die Festlegung der zu berücksichtigenden Meßgrößen, die für die eindeutige Beurteilung, ob ein Produkt erfolgreich ist oder nicht, erforderlich sind. Da die richtige Wahl aussagefähiger Indikatoren entscheidend für den Nutzwert des gesamten Systems ist, sollte sie mit besonderer Gründlichkeit vorgenommen werden /27/.

4.2.1.1 Meßgrößen zur Beurteilung des Produkterfolges

Im folgenden sollen die wichtigsten Meßgrößen beschrieben und ihre Aussagekraft in Bezug auf die Beurteilung des Produkterfolges analysiert werden.

Der "Umsatz" als Meßgröße beispielsweise kann mengen- oder wertmäßig betrachtet werden. Die mengenmäßige Betrachtungsweise wird man immer dann vorziehen, wenn einerseits die kontrollierten Produkte einer Produktgruppe weitgehend gleichwertig sind und andererseits der wertmäßige Umsatz bei hoher Exportabhängigkeit - wie sie im Maschinenbau oftmals gegeben ist - durch Wechselkursveränderungen starken Schwankungen unterworfen ist. Eine wertmäßige Umsatzbetrachtung wird man in all den Fällen vornehmen, in denen bei annähernd konstanten Marktpreisen der Preis der betrachteten Produkte aufgrund unterschiedlicher Ausführungsformen stark differiert. Dabei ist jedoch zu beachten, daß die Werte zur Vermeidung von Aussageverfälschungen um langfristige Preistrends korrigiert werden. Im Extremfall, wenn neben starken Preisschwankungen auch hohe Wertunterschiede bei den Produkten vorliegen, sollten sowohl die mengen- als auch die wertmäßigen Umsätze berücksichtigt werden.

Darüber hinaus bietet sich eine Untergliederung der Umsätze nach verschiedenen Merkmalen an. Die Wahl der Gliederungsmerkmale richtet sich nach der Größe des Unternehmens, nach dem Produktspektrum, nach der regionalen Verbreitung des Produktes und selbstverständlich nach der verfolgten Zielsetzung. So kann beispielsweise eine Aufgliederung der Umsätze nach Branchen und Abnehmerländern Auskunft geben über bisher von der Vertriebsabteilung noch nicht ausreichend betreute Marktbereiche.

Weiterhin muß bei der Festlegung des Umsatzes als Meßgröße überlegt werden, ob eine Wertberechnung nur bei der Auslieferung bzw. Bezahlung des Produktes erfolgen soll, oder ob zusätzlich der Auftragseingang bewertet werden muß. Dieses Problem tritt im Investitionsgüterbereich infolge der langen Lieferfristen, die bei größeren

Anlagen mehrere Jahre dauern können, stärker in den Vordergrund als im Konsumgüterbereich. Deswegen empfiehlt es sich in Maschinenbauunternehmen, die Korrelationen zwischen Verkaufsumsatz, Auftragseingang und Auftragsbestand genau zu untersuchen /28/. Sonst kann es geschehen, daß bei einer alleinigen Kontrolle des Verkaufsumsatzes ein Rückgang der Bestellungen nicht rechtzeitig bemerkt wird. Das hat zur Folge, daß sich der Auftragsrückgang mit einer Phasenverschiebung, die in etwa den Lieferzeiten entspricht, als Umsatzrückgang und letztlich als Gewinneinbuße bemerkbar macht, weil der Zeitpunkt für rechtzeitige Gegenmaßnahmen verpaßt wurde. Wegen der Mißachtung dieser Zusammenhänge sind gerade in den letzten Jahren viele Investitionsgüterhersteller, die auf ein beständiges Wirtschaftwachstum vertraut hatten, in finanzielle Schwierigkeiten geraten.

Neben dem Umsatz bieten sich als weitere Meßgrößen die Kosten und der Gewinn an. Während sich der Umsatz anhand der abgesetzten Mengen und der erzielten Preise relativ leicht berechnen und direkt der betrachteten Produktgruppe zuordnen läßt, bereitet die Berechnung und Zuordnung der Kosten oft erhebliche Schwierigkeiten. Für eine unverfälschte Beurteilung des Kosten- und Erfolgsverhaltens einer Produktgruppe ist es jedoch unerläßlich, daß nach dem Verursachungsprinzip in der Kostenträgerrechnung der Produktgruppe nur die Kosten zugeordnet werden, die bei ihrer Herstellung verursacht worden sind /29/.

Eine Lösung für dieses Problem stellt die mehrstufige Deckungsbeitragsrechnung dar /30/. Der Deckungsbeitrag ist als Meßgröße gut geeignet, weil sich hier sowohl Umsatz- als auch Kostenänderungen für die Produktgruppen bemerkbar machen (Bild 25).

Das Prinzip der Deckungsbeitragsrechnung besteht darin, zunächst für ein Produkt die variablen Kosten zu ermitteln. Der Betrag, der nach Abzug der variablen Kosten vom Umsatzerlös verbleibt, wird als Deckungsbeitrag I bezeichnet. Im Rahmen der Produktüberwachung verwendet man als Meßgröße zur Erfolgskontrolle zweckmäßigerweise den Deckungsbeitrag II, der sich durch die Subtraktion der produktdirekten Fixkosten vom Deckungsbeitrag I ergibt. Demgemäß erlaubt der Deckungsbeitrag II neben der Kontrolle der verbrauchsabhängigen Lohn- und Materialkosten auch eine Überprüfung der den Produktgruppen zurechenbaren Fixkosten. Dem Unternehmen verbleibt ein Gewinn, wenn die Summe der in einer Abrechnungsperiode erzielten Deckungsbeiträge größer ist als die Fixkostenbelastung im gleichen Zeitraum.

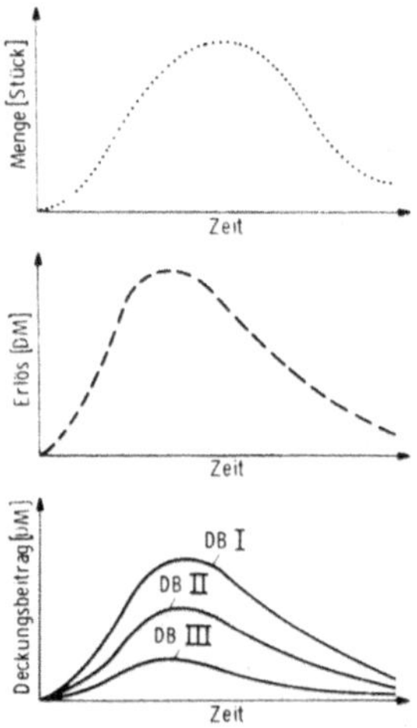

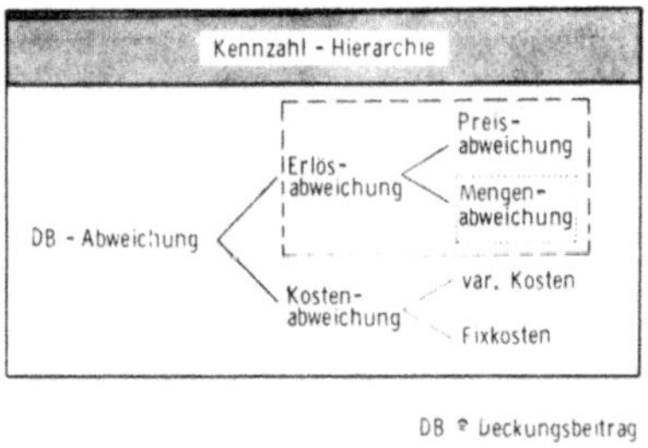

Art des Deckungsbeitrages	Beurteilung von
DB I = Erlös - variable Kosten	Produkt
DB II = DB I - produktdirekte Fixkosten	Produkt
DB III = Σ DB II - restliche Fixkosten des Profit Centers	Profit Center
DB IV = Σ DB III - restliche Fixkosten des Unternehmens	Unternehmen

Bild 25: Der Deckungsbeitrag als Kennzahl zur Erfolgskontrolle

Die Problematik der Deckungsbeitragsrechnung wird in der einschlägigen Literatur eingehend diskutiert /30,31,32,33/. Dennoch ermöglicht dieses Kostenrechnungsverfahren bei der Wahl geeigneter Bezugsbasen Erkenntnisse, die über die Beurteilung der Produktgruppe hinaus insbesondere bei einer produktgruppenorientierten Organisationsstruktur auch Kenngrößen zur Beurteilung der gesamten Unternehmenssituation liefern.

Neben den bisher aufgeführten Meßgrößen Umsatz, Auftragseingang und -bestand, Kosten und Deckungsbeitrag können im jeweiligen Anwendungsfall noch weitere Kenngrößen, wie z. B. Marktanteil, Exportquote oder Anteil der Nachbestellungen zur Beurteilung des Produkterfolges erforderlich sein.

Im Interesse eines möglichst geringen Überwachungsaufwands sollte man sich jedoch auf wenige, aber aussagefähige Meßgrößen beschränken. Die Beschränkung wird umso wichtiger, je stärker das Produktprogramm eines Unternehmens diversifiziert ist, d. h. je mehr Produktgruppen überwacht werden müssen.

Eine Kontrolle der Istwerte setzt jedoch voraus, daß zuvor das angestrebte Ergebnis in Form von Planwerten dokumentiert wird.

4.2.1.2 Vorgeben von Planwerten

Unabhängig davon, welche Meßgrößen zur Beurteilung des Erfolgsverhaltens von Produkten herangezogen werden, ist für die Erstellung von Planwerten die Kenntnis der Produkt-Lebenskurve unerläßlich. Nur wenn die Lebensphase, in der sich das Produkt zum Zeitpunkt der Planung befindet, bekannt ist, läßt sich die zukünftige Entwicklung mit ausreichender Sicherheit prognostizieren.

Abgesehen von den relativ langfristigen Verläufen der Lebenskurve, wie sie in Kapitel 2.2.1 beschrieben wurden, ergeben sich für die Prognose der Lebenskurven zusätzliche Schwierigkeiten durch kurz- und mittelfristige Nachfrageschwankungen (Bild 26).

Je mehr ein neues Produkt den Anforderungen der angesprochenen Abnehmer entspricht, desto rascher kann seine Einführung in den betreffenden Markt vonstatten gehen, d. h. desto schneller wird

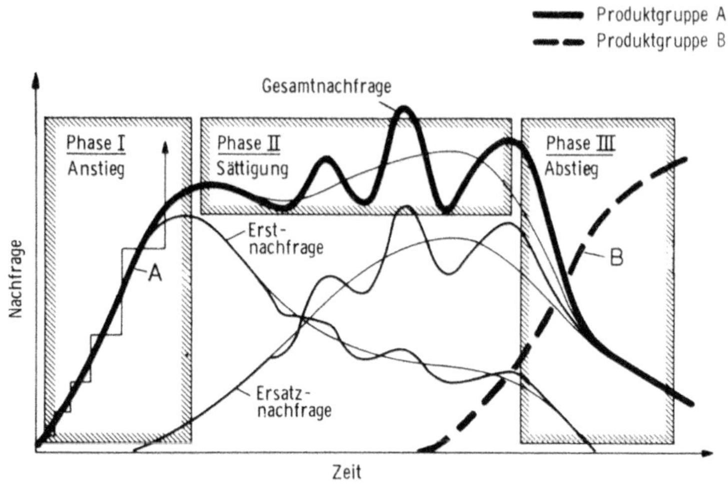

Bild 26: Schematische Darstellung der Dynamik der Nachfrageentwicklung

die Ausschöpfung des Marktpotentials erfolgen und das Stadium der Bedarfssättigung erreicht. Dabei ist festzustellen, daß die Erstnachfrage zu Beginn ohne große Reagibilität auf Konjunkturschwankungen verläuft.

Nach Abschluß dieser Phase wird bei Investitionsgütern und auch dauerhaften Gebrauchsgütern die Ersatznachfrage - die mit einem zeitlichen Verzug einsetzt, der der wirtschaftlichen Nutzungsdauer der einmal abgesetzten Produkte entspricht - zum wesentlichen Bestandteil des Umsatzes /34,35/. Die Ersatznachfrage vollzieht aber nicht nur die in der Sättigungsphase eintretenden zyklischen Schwankungen der Erstnachfrage nach, sondern verhält sich im allgemeinen wesentlich konjunkturreagibler als die Erstnachfrage. Das erklärt sich aus der Tatsache, daß die Anwender dazu neigen, in unsicheren Konjunkturzeiten die Nutzungsdauer einmal angeschaffter Produktionsmittel zu verlängern, zu Zeiten wirtschaftlichen Aufschwunges dagegen verstärkt zu investieren. Dadurch treten für den Hersteller Schwankungen der Gesamtnachfrage auf, die umso stärker sind, je höher der Anteil der Ersatznachfrage ist.

Die aufgezeigten komplexen Zusammenhänge verdeutlichen, daß die Prognose des zukünftigen Absatzverhaltens von Produkten nur anhand von sorgfältigen Marktrecherchen möglich ist. Erschwerend kommt hinzu, daß das bisher sehr häufig angewendete Verfahren, Vorhersagen nur auf der Grundlage von Vergangenheitswerten zu treffen, heute in vielen Fällen zu falschen Ergebnissen führt. Während nämlich in den Jahren zwischen 1945 und etwa 1966 überwiegend gleichgerichtete Trends im Marktgeschehen zu verzeichnen waren, die fast nur Anpassungen positiver Art bedingten, sind in letzter Zeit aufgrund struktureller Umschichtungen auch Anpassungen mit negativen Vorzeichen erforderlich geworden, die zudem in der Regel auch noch kurzfristig erfolgen müssen.

Für die Planung von Absatzzahlen bedeuten diese Strukturveränderungen einen erheblichen Mehraufwand, da eine Vielzahl möglicher Einflußkriterien zu berücksichtigen ist. Die Kriterien zur Beurteilung der zukünftigen Entwicklung ergeben sich im wesentlichen (Bild 27) aus:

- der Marktentwicklung,
- allgemeinen Trends,
- technologischen Trends sowie der
- Substitutionsentwicklung /36/.

Obwohl die einzelnen Komponenten der Substitutionsentwicklung durchaus durch die anderen genannten Kriterien abgedeckt sein können, z. B. Substitution der Aufgabenstellung durch "Verbraucherverhalten" oder Substitution der Aufgabenerfüllung durch "Neue Werkstöffe" ist wegen der großen Bedeutung für die zukünftige Entwicklung der zu planenden Produkte die Substitutionsentwicklung zusätzlich in Bild 27 aufgeführt worden.

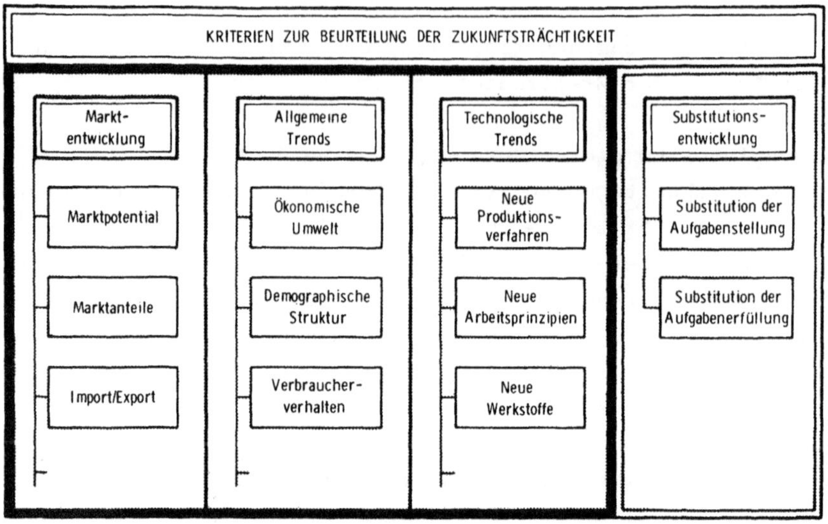

Bild 27: Kriterien zur Beurteilung der zukünftigen Absatzentwicklung von Produkten

Zur Analyse und Prognose der Marktentwicklung sind vielfältige Informationen sowohl hinsichtlich des Absatz- als auch hinsichtlich des Beschaffungsmarktes zu sammeln und auszuwerten. Bild 28 gibt einen Überblick über den in diesem Zusammenhang erforderlichen Informationsbedarf.

Marktanalysen werden durchgeführt, um Aussagen über die Nachfrageentwicklung und die Konkurrenzsituation in Bezug auf die in Frage kommenden Produktgruppen bzw. -bereiche zu ermöglichen. Zielsetzung ist es letztlich, Entscheidungsunterlagen darüber zu gewinnen, inwieweit der Absatz eines Produktes weiter gefördert werden kann.

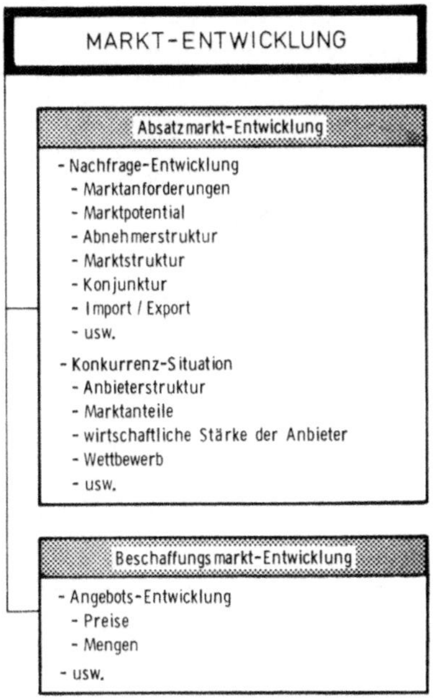

Bild 28: Informationsbedarf zur Beurteilung der Marktentwicklung

Bei der Analyse des Absatzmarktes empfiehlt sich eine dreistufige Vorgehensweise, wie sie in Bild 29 dargestellt ist. In einem ersten Schritt, der sogenannten Primäranalyse, wird die derzeitige Unternehmenssituation und die Stellung des Unternehmens innerhalb des Fachzweiges, der Branche und letztlich in Bezug auf die Gesamtwirtschaft untersucht. Ein Hersteller von Werkzeugmaschinen beispielsweise kann seine derzeitige Absatzentwicklung mit dem Trend des Werkzeugmaschinenbaus, und für den Fall, daß diese Betrachtungsweise noch keine gesicherten Aussagen zuläßt, mit dem Trend im Maschinenbau oder auch mit gesamtwirtschaftlichen Entwicklungen vergleichen. Mit Hilfe einer derartigen Primäranalyse lassen sich erste Schlüsse ableiten, ob die bisher verfolgte Marktpolitik erfolgreich war.

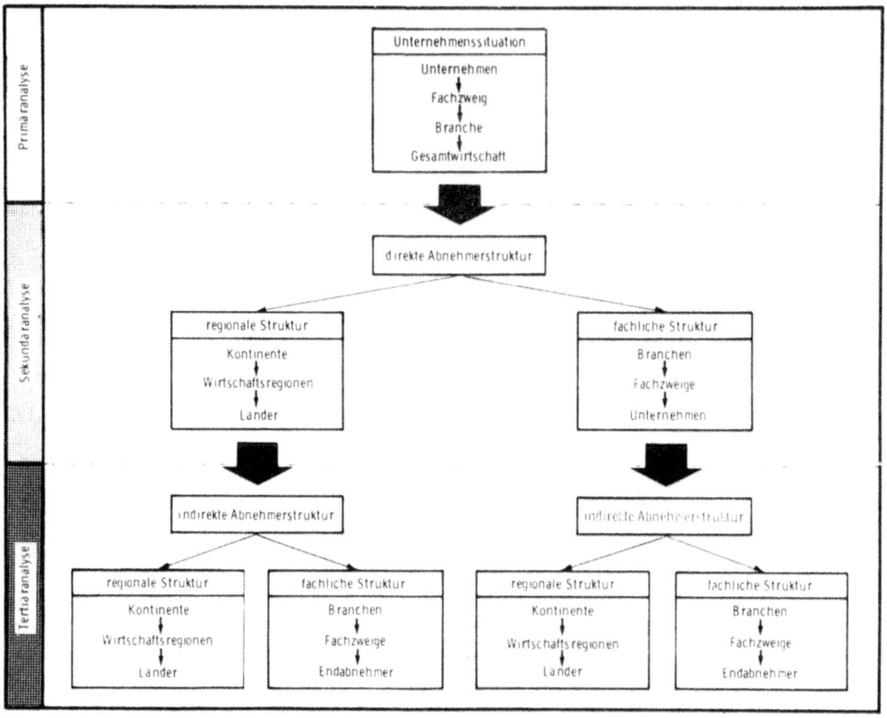

Bild 29: Stufenplan für eine Marktanalyse

In einem zweiten Schritt, der Sekundäranalyse, sollten danach die direkten Abnehmerbeziehungen analysiert werden, wobei sich eine Unterteilung nach Regionen und Fachbereichen der Abnehmer anbietet. Anhand dieser Daten lassen sich die derzeitigen Abnehmerbeziehungen sehr anschaulich darstellen und Marktschwerpunkte verdeutlichen. Um jedoch die zukünftige Entwicklung dieser Abnehmerbereiche zu prognostizieren ist in einem dritten Schritt, der Tertiäranalyse, die Abnehmerstruktur der eigenen Kunden zu ermitteln. Damit sich der Aufwand hierfür in einem vertretbaren Rahmen hält, sollte man sich bei der Tertiäranalyse auf die zuvor bestimmten Marktschwerpunkte beschränken.

Für die auf diese Weise gefundene indirekte Abnehmerstruktur müssen nunmehr signifikante Einflußgrößen gesucht werden, die das Kaufverhalten dieser Gruppen charakterisieren bzw. verändern. Eine Trendbestimmung bezüglich dieser Größen (Bild 30) ermöglicht nunmehr Rückschlüsse auf das zukünftige Kaufverhalten der direkten Abnehmer des Unternehmens.

Beispiele für Trends im Verbraucherverhalten (Stand: 1974)	
Sättigungsgrad hinsichtlich der Erstnachfrage nach Gebrauchsgütern	++
Konjunktur - Reagibilität der Ersatznachfrage	+
Sparquote	++[a]
Ausnutzung des internationalen Preisgefüges	+
Nachfrage nach Produkten mit höherer Lebensdauer	+
Zuwachs des Energiebedarfs	-[b]

++ ≙ stark steigend
\+ ≙ steigend
\- ≙ sinkend

[a] Sparquote in der BRD 1950: 3,2%; 1973: 13,5%

[b] Jährlicher Zuwachs in der EG bis 1985 nur noch ca. 4,7%

Bild 30: Allgemeine Trends im Verbraucherverhalten (Beispiele)

Zur Ermittlung von Marktentwicklungs-Trends, allgemeinen und technologischen Trends, ist im Rahmen der Produktüberwachung die Anwendung von Progmosemethoden erforderlich, wenn die benötigten Prognoseergebnisse nicht von Informationsdiensten, Forschungsinstituten, Verbänden oder sonstigen Institutionen, die solche Untersuchungen häufiger durchführen, beschafft werden können.

Im Schrifttum und in der Praxis existiert eine große Anzahl von Prognosemethoden, die an dieser Stelle nicht näher erläutert werden sollen /37,38,39/. Wesentlich ist, daß eine systematische Vorgehensweise zur Verfügung steht, mit deren Hilfe aus den unterschiedlich geeigneten Methoden die im jeweiligen Anwendungsfall heranzuziehende ausgewählt werden kann. Eine dazu entwickelte Auswahlmatrix soll in diesem Abschnitt vorgestellt werden.

Die bekannten Prognosemethoden lassen sich auf wenige Grundarten zurückführen und in die Gruppe der intuitiven und die der mathematisch-statistischen einteilen. Innerhalb dieser Gruppen sind qualitative und quantitative Methoden zu unterscheiden. Die gebräuchlichsten Methoden in den beiden genannten Gruppen sind in Bild 31 zusammengestellt.

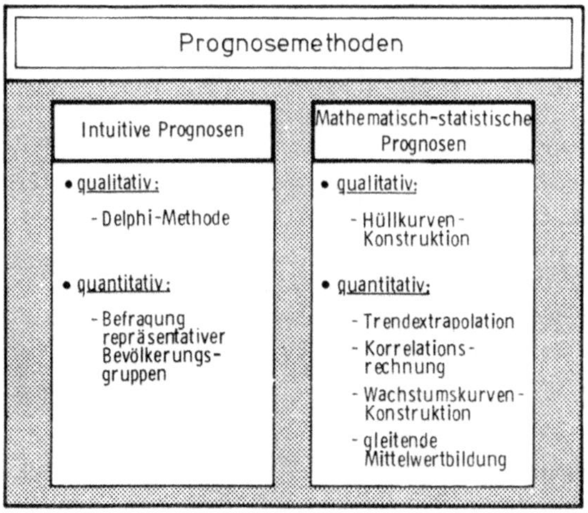

Bild 31: Methoden zur qualitativen und quantitativen Prognose

Aus den - nicht universell anwendbaren - möglichen Prognosemethoden muß im Einzelfall in Abhängigkeit der vorliegenden Aufgabenstellung und der gegebenen Randbedingungen die geeignete Methode ausgewählt werden. Diese Auswahl kann mit Hilfe der Auswahlmatrix in Bild 32 erfolgen.

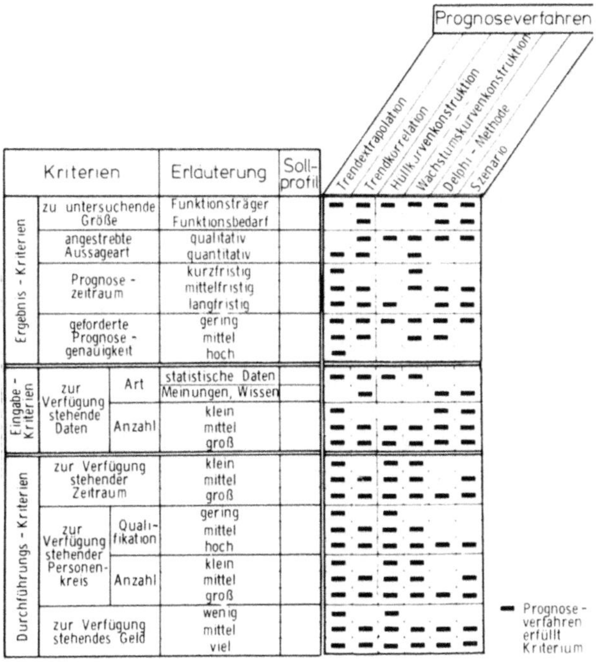

<u>Bild 32:</u> Auswahlmatrix für Prognosemethoden

In dieser Matrix sind den wichtigsten Auswahlkriterien, die sich in Ergebnis-, Eingabe- und Durchführungskriterien unterscheiden lassen, die am meisten verwendeten Prognosemethoden gegenübergestellt und es ist gekennzeichnet, inwieweit die einzelnen Methoden die Kriterien erfüllen.

Durch Ankreuzen in der Spalte "Sollprofil" ist in Abhängigkeit des gegebenen Prognoseproblems das sogenannte Kriterienprofil hinsichtlich des geforderten Ergebnisses, der zur Verfügung stehenden Eingabedaten und der bei der Durchführung der Prognose zu berücksichtigenden Randbedingungen festzulegen. Durch den Vergleich des Sollprofils mit dem Istprofil kann dann die geeignete Methode herausgefiltert werden.

Die Ergebnisse der erstellten Prognosen müssen letztendlich in Form von Absatzzahlen dokumentiert werden. Dabei ist zu beachten, daß die Absatzerwartungen für einen mittel- bis langfristigen Zeitraum und nicht nur für die folgende Planungsperiode festgelegt werden. Auf diese Weise wird gewährleistet, daß schon frühzeitig die Auswirkungen mittel- bis langfristiger Trends berücksichtigt werden.

Die Planwerte gelten jeweils bis zum nächsten Planungszeitraum, an dem sie aktualisiert und fortgeschrieben werden, als verbindlich. Bild 33 zeigt das Vertriebsprogramm eines Industrieunternehmens, das im Jahre 1977 aufgestellt wurde. Mittelfristig über einen Zeitraum von fünf Jahren ist der Planumsatz je Produktgruppe ausgewiesen. Aufgrund der mit wachsendem Planungshorizont abnehmenden Prognosegenauigkeit beziehen sich die Plandaten von 1983 bis 1987 nur noch auf Produktbereiche.

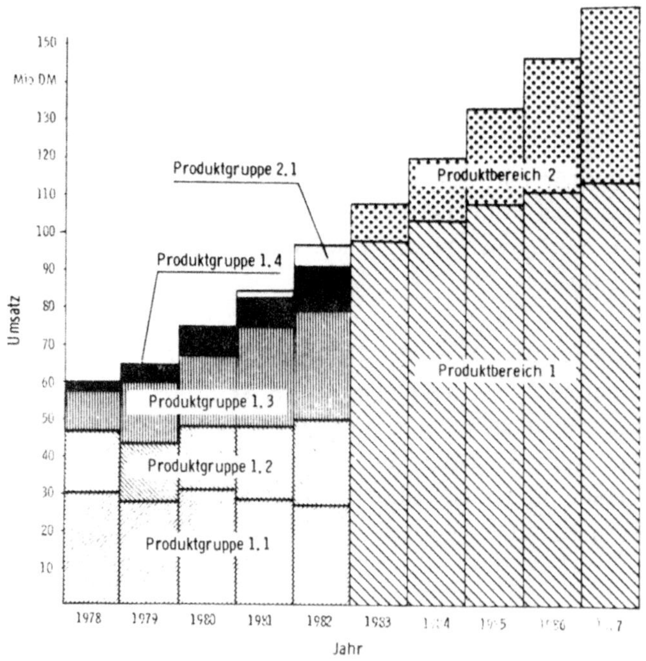

Bild 33: Vertriebsprogramm eines Unternehmens

4.2.1.3 Bestimmen der Toleranzgrenzen

In Verbindung mit den Planwerten müssen die jeweils optimalen Toleranzgrenzen festgelegt werden. Die Grenzen dienen dazu, daß einerseits kurzfristige und geringfügige Abweichungen vom geplanten Absatzverlauf nicht zu aufwendigen und unnützen Steuerungsmaßnahmen führen und daß andererseits schwerwiegende Marktverschiebungen rechtzeitig erkannt werden.

Bei der erstmaligen Bestimmung dieser Grenzen sollte das bisherige Marktverhalten der Produktgruppe oder bei der Markteinführung einer neuen Produktgruppe das einer ähnlichen Gruppe analysiert und auf kurzfristige Veränderungen untersucht werden. Beim Auftreten häufiger kurzfristiger Ausschläge nach oben und unten empfiehlt sich die Glättung des Kurvenverlaufs z. B. durch einen gleitenden Mittelwert. Die mathematischen Verfahren hierzu sind hinlänglich bekannt und brauchen daher hier nicht näher erörtert zu werden /37,38,39/. Saisonale Schwankungen wie sie beispielsweise im Baumaschinenmarkt auftreten, sollten schon bei den Planwerten berücksichtigt werden und nicht erst bei der Festlegung der Toleranzgrenzen. Erfahrungswerte aus dem Werkzeugmaschinenbau haben gezeigt, daß Abweichungen von 10 % nach oben und unten durchaus als realistische Toleranzgrenzen angesehen werden können.

Die einmal festgelegten Toleranzgrenzen sollten auf jeden Fall, genau wie die Planwerte, regelmäßig kontrolliert und den Erfordernissen des Marktes angepaßt werden.

4.2.1.4 Periodischer Plan-/Istwert-Vergleich

Durch den periodisch durchzuführenden Vergleich der vorgegebenen Planwerte mit den von den zuständigen Unternehmensbereichen, wie Finanz- und Rechnungswesen, Vertrieb, zu meldenden Istwerten sind die über die festgelegten Toleranzgrenzen hinaus abweichenden Produkte zu ermitteln.

Der Vergleich wird zweckmäßigerweise im gleichen Rhythmus wie die Erstellung der Planwerte durchgeführt, wobei sich als Hilfsmittel die elektronische Datenverarbeitung anbietet.

Die Ergebnisse eines derartigen Vergleichs sind in Bild 34 dargestellt. Getrennt nach Umsätzen und Deckungsbeiträgen werden zunächst die innerhalb des betrachteten Monates effektiv erzielten Ergebnisse aufgeführt. Anschließend werden für jedes Produkt die entsprechenden Planabweichungen sowohl absolut als auch prozentual ausgewiesen. Zur besseren Beurteilung der Situation werden darüber hinaus auch die innerhalb der vorliegenden Planungsperiode bis zum betrachteten Monat angefallenen kumulierten Werte sowie Vergleichswerte zur vorherigen Planungsperiode aufgeführt.

VERRECHNUNGSMONAT DEZEMBER 1971

	PRODUKT A		PRODUKT B		PRODUK
NETTOUMSATZ	42316 DM		50786 DM		4
	DM	PROZ.	DM	PROZ.	DM
ABW.IST-PLAN MON.WERT	316	.75	536	1.07	
ABW.IST-MON.W.VORJAHR	0	0.00	2816	5.87	
ABW.IST-PLAN JAHRESWE.	4487	.85	9441	1.41	
ABW.IST-VORJAHRESWERT	19365	3.76	29120	[illegible].05	1
DECKUNGSBEITRAG	13516 DM		18986 DM		
	DM	PROZ.	DM	PROZ.	DM
ABW.IST-PLAN MON.WERT	516	3.97	736	4.03	12
ABW.IST-MON.W.VORJAHR	20	.15	2012	11.85	7
ABW.IST-PLAN JAHRESWE.	7564	4.25	11477	[illegible].34	1
ABW.IST-VORJAHRESWERT	212	.11	16563	7.90	1

Bild 34: Mit Hilfe der EDV erstellte Erfolgskontrollrechnung

Neben der Kenntnis der jeweils aktuellen Situation ist zusätzlich eine Übersicht über den Abweichungsverlauf innerhalb der gesamten Planungsperiode notwendig, um ggf. Entwicklungstendenzen frühzeitig erkennen zu können. Hierzu eignen sich besser graphische Darstellungen. Derartige Graphiken lassen sich durch Fortschreibung der in Bild 34 enthaltenen Daten einfach erstellen.

Verfügt ein Unternehmen nicht über eine Datenverarbeitungsanlage so empfiehlt sich die Verwendung eines einheitlichen Formulars, wie es in Bild 35 wiedergegeben ist. Es dient zur Dokumentation der Plan- und Istwerte sowie der daraus errechneten absoluten und relativen Abweichungen. Außerdem werden auf ihm alle wesentlichen Ergebnisse aus den bei der Produktüberwachung durchgeführten Teilaufgaben festgehalten.

Firma	Analyse des Kosten- und Erlosverhaltens		PÜS
Produkt-Nr.:	Produktbereich:	Produktbezeichnung:	
Kontrollierter Zeitraum:		Zeitpunkt der Kontrolle:	

	Preis x	Menge =	Erlös	K_{fix} +	K_{var} =	K_{ges}	DB II
	1	2	3	4	5	6	3 - 6
Planwert							
Istwert							
Abweichung (absolut)							
Abweichung (%)							
Maximal zulässige Abweichung (%)							

DB innerhalb der Toleranzgrenzen	☐	DB weicht stark positiv ab	☐	DB weicht stark negativ ab	☐

DB: Deckungsbeitrag

Nur für stark negativ abweichende Produkte	absolut	in % von W_{max}		
			Produkt eliminieren	
Erreichte Punktzahl bei Bewertung: W_{ges}			Produkt auslaufen lassen	
			Produkt verbessern	

Sachbearbeiter:	Bereich:	Datum:	Unterschrift:

Bild 35: Begleitformular zur Produktüberwachung

Bei der Durchführung des periodischen Vergleichs der Planwerte mit den tatsächlich erreichten Werten der Meßgrößen innerhalb der betrachteten Planperiode sind drei unterschiedliche Ergebnisse möglich (vgl. Bild 24).

1. Die Istwerte liegen innerhalb der Toleranzgrenzen. Es sind daher keine Maßnahmen einzuleiten.

2. Die Istwerte haben die obere Toleranzgrenze überschritten, d. h. es liegt eine "positive" Abweichung vor. Dadurch wird eine Überprüfung der Planwerte für die Produktgruppe zu höheren Werten hin nötig. Dafür müssen die Ursachen für die Überschreitung der Toleranzgrenzen analysiert und dokumentiert werden. Wird mit einem längerfristigen positiven Trend gerechnet, so sind u.a. die Möglichkeiten einer Produktionsausweitung zu ermitteln. Dafür sind die festgestellten Daten an die zuständigen Planungsabteilungen des Unternehmens weiterzuleiten.

3. Die Istwerte liegen unterhalb der unteren Toleranzgrenze. Hier wird es erforderlich, zunächst einmal die zukünftigen Erfolgsaussichten der Produkte zu untersuchen. Ziel dieser Untersuchung ist die Beantwortung der Frage, ob es für das Unternehmen überhaupt sinnvoll ist, den mit der Durchführung von Änderungsmaßnahmen verbundenen Aufwand zu treiben.

   Um dabei zu einer gesicherten Entscheidung zu gelangen, ist es erforderlich, anhand relevanter Kriterien die negativ abweichenden Produkte zu bewerten.

4.2.2 Bewerten der negativ abweichenden Produkte

Bei der Bewertung von Produkten im Rahmen der Produktüberwachung sind im wesentlichen zwei Fragen zu klären.

1. Welche Bedeutung hat diese Produktgruppe für das Unternehmen ?
2. Wie werden die Erfolgsaussichten für die Produktgruppe am Markt bewertet ?

Diese Fragestellungen zeigen, daß die bisher betrachteten Meßgrößen Umsatz und Deckungsbeitrag für die Beurteilung alleine nicht ausreichen. Vielmehr sind für eine sichere Beantwortung dieser Fragen weitere Kenngrößen heranzuziehen, die die Erfolgsaussichten sowohl von seiten des Unternehmens als auch seitens des Marktes transparenter machen. Im folgenden wird daher eine Auswahl möglicher Bewertungskriterien vorgestellt.

4.2.2.1 Bewerten der Bedeutung der Produkte für das Unternehmen

Verwendet man Umsatz und Deckungsbeitrag als Wertmaßstab für die Bedeutung eines Produktes für ein Unternehmen, so müssen die jeweiligen Umsatz- und Deckungsbeitragsanteile der verschiedenen Produkte bestimmt werden. Hierzu empfiehlt sich eine Analyse mit Hilfe der sogenannten Lorenzkurve, welche in Bild 36 für die Umsatzverteilung dargestellt ist. Das Diagramm wird durch eine Ideal-Linie halbiert. Die Punkte auf dieser Linie besagen, daß ein bestimmter Prozentsatz der Produkte auch immer den gleichen Prozentsatz am Umsatz hält. Dieser Sachverhalt stimmt jedoch in den seltensten Fällen mit der Praxis überein. Das illustriert die gekrümmte Kurve: Auf 20 % der Produkte fallen in der Regel 80 % des Umsatzes. Würde man im Bild 40 % der Produkte aus dem Programm eliminieren, so hätte dies lediglich eine Umsatzeinbuße von 10 % zur Folge. Im Hinblick auf die spätere Produktbewertung ist daher im unteren Bildteil eine Klassifizierung der Produkte entsprechend ihrem prozentualen Beitrag zum Umsatz des Unternehmen vorgenommen. Darüber hinaus ist eine analoge Betrachtung der Deckungsbeiträge erforderlich, da die Produkte mit dem größten Umsatz nicht immer auch die höchsten Deckungsbeiträge liefern.

Zusätzlich zu der Analyse der augenblicklichen Situation muß jedoch auch die Umsatz- und Deckungsbeitragsentwicklung der betreffenden Produktgruppe in die Bewertung mit einbezogen werden. Eine wertvolle Hilfe bietet hier die graphische Darstellung der aufsummierten Umsätze bzw. Deckungsbeiträge der einzelnen Produktgruppen des Unternehmens. Eine derartige Abbildung befindet sich in Kap. 5.1 bei der Beschreibung des Fallbeispiels.

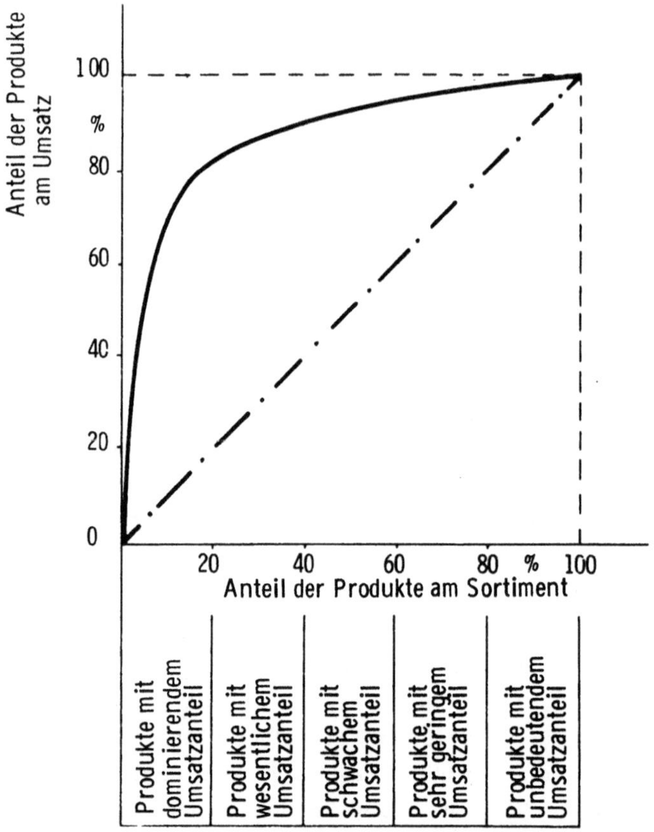

Bild 36: Lorenzkurve zur Ermittlung der Umsatzanteile im Produktprogramm

Abschließend sei auf ein Kriterium hingewiesen, welches meist vom Verkauf bei Überlegungen über das Auslaufen eines Produktes vorgebracht wird. Es handelt sich hierbei in der Regel um "Sortimentsgründe". Der Verkauf ist bestrebt, den Kunden in einem bestimmten Bereich möglichst alles anzubieten, um im Falle von Lücken nicht den Hinweis auf die Mitbewerber zulassen zu müssen. Es ist also zur Klärung der Bedeutung eines Produktes für das Unternehmen die Sortimentspolitik des Unternehmens kritisch zu durchleuchten. In diesem Zusammenhang liefert die Bindung eines Produktes an andere Produkte des Programms die überzeugendsten

Argumente für ein notwendig breitgestreutes Produktprogramm. Diese Bindungen der Produkte untereinander rühren meist daher, daß der Kunde bestrebt ist, aus Gründen der Ausbildung, Instandhaltung oder Ersatzteilbeschaffung seinen Maschinenpark bei möglichst wenigen Herstellern zu beziehen.

Die Bindung der Produkte untereinander ist aber u.U. auch aus technischen Gründen gegeben, wenn in unterschiedliche Produktgruppen gleiche oder ähnliche Baugruppen eingebaut werden. Eine Eliminierung einer Gruppe aus dem Produktionsprogramm würde dann kleinere Losgrößen in der Fertigung nach sich ziehen und so in der Regel eine Kostensteigerung für die verbleibenden Gruppen bewirken.

Neben der Bedeutung der Produkte für das Unternehmen müssen in einem weiteren Schritt die Erfolgsaussichten am Markt bewertet werden.

4.2.2.2 Bewerten der Erfolgsaussichten der Produkte am Markt

Für die Beantwortung der Frage nach den Erfolgsaussichten einer Produktgruppe am Markt ist eine umfangreiche Marktanalyse erforderlich /40,41,42/ (vgl. auch Kapitel 4.2.1.2). Der erste Schwerpunkt liegt in der Bestimmung der regionalen Marktstruktur. Darunter ist die regionale Verteilung der Abnehmergruppen der betrachteten Produktgruppe mit ihren Umsatzvolumina zu verstehen. Des weiteren muß das durchschnittliche Wachstum der Absatzmärkte untersucht werden, wobei naturgemäß diejenigen Teilmärkte mit dem größten Absatzvolumen bzw. Absatzpotential vorrangig behandelt werden sollten.

Neben der Aufnahmefähigkeit des Marktes bestimmen die Wettbewerbssituation und die Entwicklung der Marktanteile weitgehend die Entwicklungsmöglichkeiten des Unternehmens bezüglich der Produktgruppe. Abnehmende Marktanteile können hervorgerufen werden von einer Substitution des eigenen Produktes durch ein neues besseres

Produkt am Markt. Diesem Problem wurde in der Vergangenheit vergleichsweise geringe Beachtung geschenkt. Es gewinnt jedoch durch das verstärkte Auftreten von Innovationen am Markt zunehmend an Bedeutung und soll daher an dieser Stelle ausführlicher behandelt werden.

Es lassen sich zwei Substitutionsarten unterscheiden. Einmal kann eine Substitution dadurch erfolgen, daß sich die Aufgabenstellung qualitativ oder quantitativ ändert. In diesem Falle verliert ein Produkt seine Absatzchancen, weil die Aufgabe, deren Erfüllung es seine Existenzberechtigung verdankt, in anderer Form oder nicht mehr gefragt ist. Die zweite Substitutionsart läßt sich aus der Aufgabenerfüllung herleiten. In diesem Falle wird ein Produkt substituiert, wenn bei unveränderter Aufgabenstellung Art und Grad der Funktionserfüllung bei einem Produkt besser sind.

Substitutionen, bei denen die Aufgabenstellung in ihrer Gesamtheit rückläufig ist oder ganz fortfällt, haben in der Regel sogenannte "Branchenkrisen" zur Folge, da meist nicht ein bestimmtes Produkt substituiert wird, sondern ganze Produktbereiche. Derartige Substitutionsvorgänge sind jedoch vergleichsweise selten. Fast alle Funktionsanforderungen verändern sich jedoch in eine Entwicklungsrichtung, welche mit den Attributen besser, billiger und schneller charakterisiert werden kann. Hierdurch wird die wesentlich häufiger anzutreffende Substitution der Aufgabenerfüllung ausgelöst. An einem Beispiel aus der Baumaschinenindustrie soll dieser Sachverhalt verdeutlicht werden /43/.

In den Aufbaujahren nach Kriegsende wurden auf allen Baustellen stationäre Betonmischer eingesetzt. Durch eine Analyse des gesamten Materialflusses bei der Betonherstellung zeigte sich, daß sich die erforderlichen Teilfunktionen "Transportieren" und "Mischen" in einem Produkt miteinander kombinieren ließen. Das Resultat dieser Überlegungen war der Transportbetonmischer, der heute auf den meisten Baustellen zum Einsatz kommt.

In dem hier geschilderten Beispiel kam die Substitution für das Unternehmen nicht überraschend, sondern sie war systematisch geplant, wie aus den Umsatzverläufen ersichtlich ist (Bild 37).

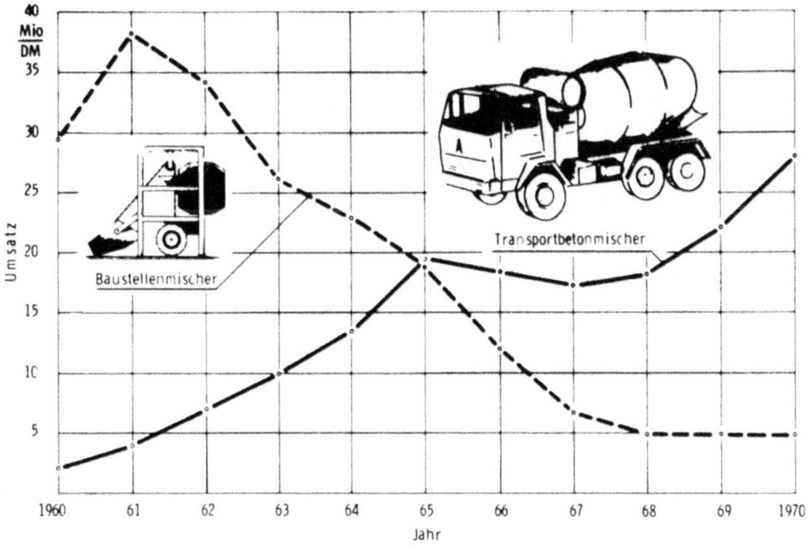

Bild 37: Umsatzentwicklung an Betonmischern eines Unternehmens

Da man jedoch nicht immer davon ausgehen kann, daß die Substitutionsprodukte im eigenen Unternehmen geplant und entwickelt werden, ist es zur abgesicherten Ermittlung der Absatzchancen eines Produktes unbedingt notwendig, die vom Stand der Technologie her bestimmten Auswirkungen auf Substitutionsvorgänge zu erkennen und zu berücksichtigen. Hierzu ist eine permanente Beobachtung und Auswertung technologischer Entwicklungstendenzen unerläßlich.

Neben der Bestimmung der Substitutionsvorgänge ist die Kenntnis des Lebenszyklus einer Produktgruppe sowohl bei der Beurteilung des derzeitigen Produktverhaltens als auch bei der Abschätzung zukünftiger Erfolgsaussichten von großer Bedeutung.

Der Verlauf der Lebenszyklen ist natürlich je nach Produktart unterschiedlich und durchaus durch gezielte Maßnahmen zu beeinflussen. Weiterhin ist der Verlauf der Lebenszyklen nicht in jedem Falle zwangsläufig. Es können Phasen übersprungen werden oder ein Produkt tritt nach dem Beginn der Abstiegsphase noch einmal in eine Wachstumsphase ein. Aufgrund dieser Sachverhalte ergeben sich häufig Schwierigkeiten bei der Ermittlung der Lebensphasen, in denen sich die Produkte jeweils befinden. Diese Erkenntnis bestätigte eine Untersuchung der Lebenskurven von Werkzeugmaschinen aus einer bestimmten Produktgruppe eines Unternehmens. In dieser Produktgruppe waren Maschinen gleicher Funktion und gleichen Wirkprinzips, jedoch unterschiedlicher konstruktiver Ausführung zusammengefaßt. Die in Bild 38 dargestellten

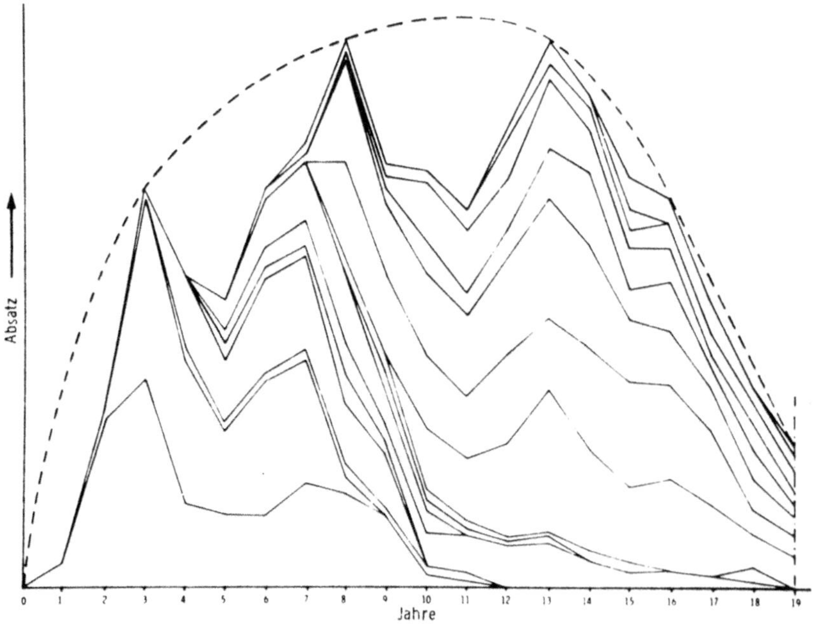

Bild 38: Genereller Lebenszyklus einer Produktgruppe eines Werkzeugmaschinenherstellers

Lebenskurven machen deutlich, daß trotz nahezu gleicher Lebensdauern die Kurvenverläufe sehr unterschiedlich und einer Phaseneinteilung in der vorher geschilderten Art nur schwer zugänglich sind.

Betrachtet man hingegen die Umhüllungskurve der Lebenskurven aller in dieser Produktgruppe zum Absatz gelangten Maschinen, so zeigt sich, daß diesmal der Kurvenverlauf der idealisierten Form sehr nahe kommt. Durch die Wahl einer geeigneten Bezugsbasis kann also der Lebenszyklus der Produkte transparenter gemacht werden. Man unterscheidet bei der Wahl der Bezugsbasis nach dem speziellen bzw. generellen Lebenszyklus, je nachdem ob die Lebenskurve eines einzelnen Produktes oder die Hüllkurve der gesamten Produktgruppe angesprochen wird. Dabei dürfte der generelle Lebenszyklus insbesondere bei langfristigen Untersuchungen die größere Aussagekraft besitzen.

Die Position eines Produktes innerhalb seiner Lebenskurve ist für die Produktbewertung deshalb so wichtig, weil sich aus ihr unmittelbare Rückschlüsse auf die zukünftigen Erfolgserwartungen eines Produktes ziehen lassen. Erfolgen beispielsweise Korrekturmaßnahmen in der Wachstumsphase eines Produktes, so werden diese aller Voraussicht nach mit einem wesentlich größeren Erfolg verbunden sein, als wenn der Produktabsatz seinen Kulminationspunkt schon überschritten hat.

Unter dem speziellen Aspekt der Risikominderung ist für ein Unternehmen die altersmäßige Zusammensetzung des Produktprogramms von besonderer Bedeutung. Neben Produkten in der Einführungs- oder Wachstumsphase gibt es im Programm auch immer solche, deren Lebenserwartung sich aus verschiedenen Gründen dem Ende zuneigt.

Die in Bild 39 dargestellten Alterspyramiden zweier charakteristischer Produktprogramme stellen eine nützliche Idealisierung der Altersstruktur dar, aus der sich wesentliche Erkenntnisse ziehen lassen. So zeigt die im linken Bildteil dargestellte Pyramide ein überaltertes, ungesundes Programm, während rechts im

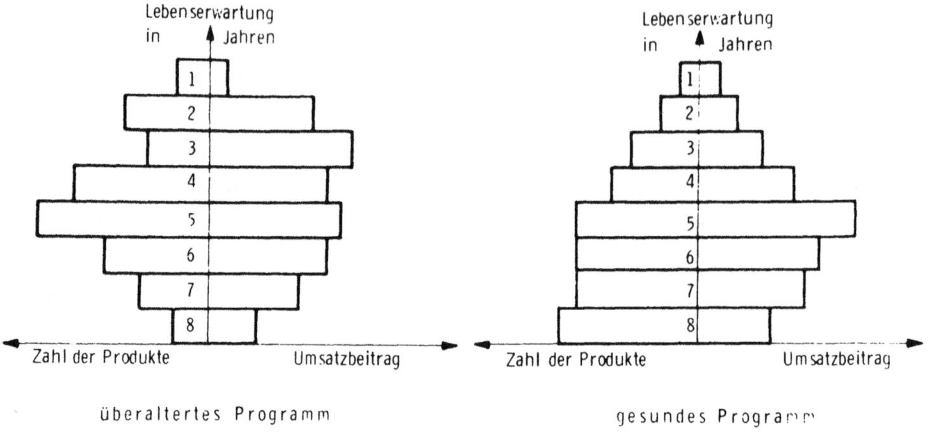

Bild 39: Altersstruktur zweier Produktprogramme /7/

Bild der anzustrebende Altersaufbau eines Produktprogramms dargestellt ist, d. h. je mehr Produkte mit langer Lebenserwartung ein Unternehmen aufzuweisen hat, desto günstiger sind die Zukunftsaussichten des Unternehmens zu bewerten. Somit ist die Lebenserwartung eines Produktes als weiteres Kriterium bei der Beurteilung der Verbesserungswürdigkeit eines Produktes heranzuziehen.

4.2.2.3 Durchführen der Bewertung

Die geschilderten Kriterien zur Bewertung der Erfolgsaussichten der Produkte lassen sich teilweise durch konkrete quantitative Zahlenwerte bestimmen, wie beispielsweise bei Aussagen über die Entwicklung von Umsätzen, Deckungsbeiträgen oder Marktanteilen. Andere Kriterien sind hingegen nur einer qualitativen verbalen Beschreibung zugänglich, wie etwa die Substitutionsgefahr oder auch die Frage der gegenseitigen Bindung von Produkten. Es stellt sich nun die Aufgabe, mit Hilfe der genannten Kriterien eine Produktbewertung vorzunehmen mit dem Ziel, den Charakter erforderlicher Maßnahmen zur Beeinflussung des Produktverhaltens zu bestimmen. Für ähnliche Zwecke wird in der Literatur /44,45/ die Methode der qualitativen Rangfolgebestimmung empfohlen. Bei dieser Methode werden die zu bewertenden Objekte über eine Einzelbewertung verschiedener Kriterien, welche zudem unterschiedlich gewichtet sein können, und eine anschließende Summierung der Einzelbewertungen in eine wertmäßige Rangfolge gebracht. Für die vorliegende Zielvorstellung muß dieses Verfahren allerdings modifiziert werden, da hier nicht mehrere Produkte in Relation zueinander bewertet werden sollen, sondern mit Hilfe eines definierten Produktwertes für ein bestimmtes Produkt eine Aussage über notwendige Korrekturmaßnahmen getroffen werden soll. Dieses modifizierte Verfahren soll im folgenden beschrieben werden.

Bei der Bewertung der Einzelkriterien ist zunächst jeweils zu prüfen, in welchem Maße das zu bewertende Produkt die Bedingungen der Kriterien erfüllt. Hierzu wird zweckmäßig eine Bewertungstabelle vorgegeben, in der den einzelnen Kriterien hinsichtlich ihrer Erfüllung eine feste Stufung mit entsprechenden Zahlenwerten zugeordnet wird (Bild 40).

Produktbewertungskriterien		BEWERTUNGSSTUFEN				
		sehr gut 5 Pkt.	gut 4 Pkt.	neutral 3 Pkt.	schlecht 2 Pkt.	sehr schlecht 1 Pkt.
Bedeutung für das Unternehmen	Umsatzanteil	dominierender Umsatzanteil	wesentlicher Umsatzanteil	schwacher Umsatzanteil	sehr geringer Umsatzanteil	unbedeutender Umsatzanteil
	Entwicklung des Umsatzanteiles	überdurchschnittlich steigend	steigend	stagnierend	sinkend	stark sinkend
	Deckungsbeitragsanteil	dominierender Anteil	wesentlicher Anteil	schwacher Anteil	sehr geringer Anteil	ohne Deckungsbeitrag
	Entwicklung des Deckungsbeitragsant.	stark steigend	steigend	stagnierend	sinkend	ohne Deckungsbeitrag
	Bindung an andere eigene Produkte	sehr starke Bindung	starke Bindung	geringere Bindung	ohne Bindung	konkurriert mit eigenen Produkten
Erfolgsaussichten am Markt	Marktstruktur	breite In- und Auslandsmärkte	breiter Inlandsmarkt	breiter Regionalmarkt	enger Regionalmarkt	sehr beschränkter Markt
	durchschnittliches Wachstum d. Märkte	überdurchschnittlich steigend	steigend	stagnierend	sinkend	stark sinkend
	Wettbewerbssituation	eigenes Monopol, Oligopol	Konkurrenz bei eigener Führerschaft	vollständige Konkurrenz	Konkurrenz bei fremder Führerschaft	fremdes Monopol, Oligopol
	Entwicklung der Marktanteile	überdurchschnittlich steigend	steigend	stagnierend	sinkend	stark sinkend
	Substitutionsgefahren	ohne absehbare Substitutionsgefahr	Verbesserungsgrenzen d. Produkts sind erreicht	beginnende Substitution in Teilbereichen	Substitution der Aufgabenerfüllung	Substitution der Aufgabenstellung
	Lebenszyklus	Einführung	Wachstum	Reife	Sättigung	Abstieg
	Lebenserwartung	sehr hoch	hoch	durchschnittlich	gering	sehr gering

Bild 40: Bewertungskriterien und -stufen bei der Produktbewertung

Da die Kriterien einen unterschiedlichen Einfluß auf die Erfolgsaussichten der betrachteten Produktgruppe haben, müssen sie noch gegeneinander gewichtet werden (Bild 41). Hierbei spielen

Firma | **Qualitative Produktbewertung** | PÜS

Kontrollierter Zeitraum: 1. Quartal 1975 | Zeitpunkt der Kontrolle: 14.4.1975

Produkt-Nr.: 00327-110 | Produktbereich: Hobelmaschinen | Produktbezeichnung: Hobelmaschine

	Bewertungskriterien	G	W_1	W_2	W_3	Ø W x G
Bedeutung für das Unternehmen	Umsatzanteil	2	2	2	2	4
	Entwicklung des Umsatzanteiles	2	1	1	1	2
	Deckungsbeitragsanteil	2	1	2	1	2,7
	Entwicklung des Deckungsbeitraganteiles	2	1	1	1	2
	Bindung an andere eigene Produkte	1	2	2	3	2,3
Erfolgsaussichten am Markt	Marktstruktur	1	5	4	5	4,7
	durchschnittliches Wachstum der Märkte	2	2	2	3	4,7
	Wettbewerbssituation	2	3	2	3	5,3
	Entwicklung der Marktanteile	2	2	2	3	4,7
	Substitutionsgefahren	2	1	2	2	3,3
	Lebenszyklus	3	1	1	2	4
	Lebenserwartung	2	2	2	3	4,7

P_{min} = 23 P_{max} = 115 P_{ges} 44,4

Sachbearbeiter: Con | Datum: 18.4.1975

Bereich: RW - PÜS | Unterschrift: J. Controlli

Bild 41: Formular zur Bewertung von Produkten

insbesondere unternehmensspezifische Gegebenheiten eine Rolle, so daß die in diesem Beispiel verwendeten Gewichtungsfaktoren nur als Anregung zu verstehen sind. Darüber hinaus besteht die Möglichkeit, sogenannte "Muß"-Kriterien einzuführen, d.h. die Gesamtbewertung kann nur dann als positiv beurteilt werden, wenn für diese Kriterien ein vorher festgelegter Mindestpunktwert erreicht wird. Ist dies nicht der Fall, so fällt unabhängig von der durch die restlichen Kriterien erreichten Punktwertzahl die Gesamtbewertung negativ aus.

Für die eigentliche Bewertung empfiehlt sich die Benutzung eines Formulars, wie es in Bild 41 am Beispiel einer Hobelmaschine gezeigt ist. Damit eine weitgehende objektive Beurteilung erreicht wird, sollte die Bewertung von mehreren Personen aus verschiedenen Unternehmensbereichen, die mit der Produktgruppe vertraut sind, durchgeführt werden. Der erzielte Punktwert wird durch die Multiplikation des durchschnittlichen Mittelwertes der Erfüllungsgrade mit dem Gewichtungsfaktor und die anschließende Summierung dieser Werte errechnet.

In Abhängigkeit der bei der Bewertung erreichten Punktwertzahl wird die Art der zu ergreifenden Steuerungsmaßnahmen bestimmt (vgl. Bild 24). Hierbei werden die Produkte eingeteilt in solche,

- die weniger als 25 % der maximal möglichen Punktzahl erhalten haben und deshalb sofort aus dem Produktionsprogramm eliminiert werden müssen,

- die über 25 % aber unter 50 % der maximal möglichen Punktzahl erhalten haben und deshalb entsprechend der Produktionsprogrammplanung auslaufen sollen,

- die über 50 % der maximal möglichen Punktzahl erhalten haben und für die Verbesserungsmaßnahmen durchgeführt werden sollen.

Die genannten Abstufungen sind in diesem Zusammenhang nur als Richtwerte zu verstehen. Eine endgültige Festlegung der Stufen muß selbstverständlich in Übereinstimmung mit der Unternehmenszielsetzung und der Risikobereitschaft getroffen werden. Auch werden sich immer wieder Grenzfälle bei der Produktbewertung ergeben, für die dann Kompromißlösungen in Form von Maßnahmenkombinationen erarbeitet werden müssen. Trotz dieser Einschränkungen sollte eine Stufung jedoch immer fest vorgegeben werden. Aufgrund gewonnener Erfahrungen können diese dann im Laufe der Zeit verbessert werden.

Die sich an die Produktüberwachung anschließende Phase der Produktsteuerung erstreckt sich nur auf Produkte, die für Verbesserungsmaßnahmen geeignet erscheinen.

4.3 Ablauf der Produktsteuerung

Die Produktsteuerung umfaßt zwei Vorgehensschritte (vgl. Bild 23). Zuerst müssen die Schwachstellen, die zu der festgestellten Planabweichung geführt haben, ermittelt und analysiert werden. In einem zweiten Schritt müssen dann für die Schwachstellen geeignete Verbesserungsmaßnahmen bestimmt werden. Die zur Erfüllung dieser Aufgabenstellung erforderlichen Teilschritte werden im folgenden näher beschrieben.

4.3.1 Durchführen von Schwachstellenanalysen

Der detaillierte Ablauf für die erste Phase der Produktsteuerung ist in Bild 42 dargestellt. Zunächst einmal müssen die bei der Produktüberwachung festgestellten Umsatz- bzw. Deckungsbeitragsabweichungen aufgeschlüsselt und die Ursachen dafür ermittelt werden. Art, Ursache und Umfang der festgestellten Abweichungen liefern dann erste Anhaltspunkte zur Korrektur des Fehlverhaltens.

Neben der Grobermittlung geeigneter Korrekturmaßnahmen müssen in dieser Phase auch die für die Beseitigung der Schwachstellen zuständigen Unternehmensbereiche genannt und ein Zeit- und Kostenrahmen vorgegeben werden. Da es sich hierbei um Aufgaben handelt, die in der Regel verschiedene Unternehmensbereiche berühren, empfiehlt sich die Einberufung eines Ausschusses mit Mitgliedern aller beteiligten Bereiche. Die Ergebnisse dieser Besprechungen sollten in Form von Lastenheften dokumentiert werden.

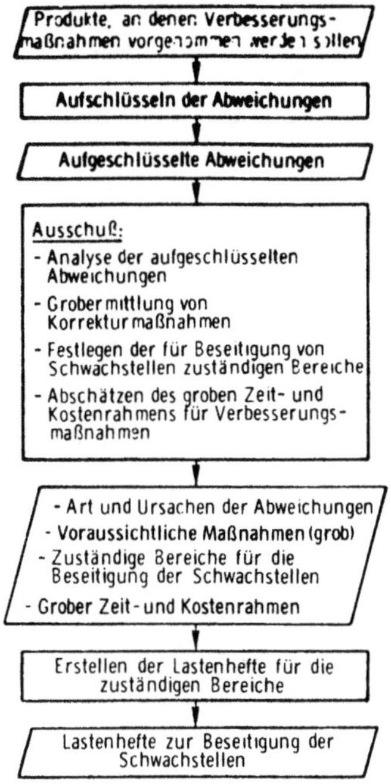

Bild 42: Ablauf der Produktsteuerung (Phase 1)

4.3.1.1 Analyse der Ursachen für festgestellte Planabweichungen

Um die Ursachen für die festgestellten Planabweichungen zu finden, muß in einem ersten Schritt die Art der Abweichungen bestimmt werden. Die Feststellung der Abweichungsart bereitet in der Regel keine schwerwiegenden Probleme. Deckungsbeitragsabweichungen beispielsweise können auf Erlös-, auf Kostenabweichungen oder auf beide zurückzuführen sein. Die Erlösabweichungen lassen sich wiederum in Preisabweichungen und/oder Mengenabweichungen untergliedern. Zur Feststellung der Kostenabweichungen muß eine Nachkalkulation der Produkte vorgenommen werden, wobei eine Differenzierung nach variablen und fixen Kosten erfolgen muß. Kostenabweichungen können von Beschäftigungs- und/oder Verbrauchsabweichungen hervorgerufen werden.

Die Kenntnis der Abweichungsart erlaubt nun zwar globale Rückschlüsse auf die Abweichungsursache, etwa in der Art, daß Verbrauchsabweichungen ihren Ursprung in der Produktherstellung haben. Die Abweichungsart kennzeichnet also gewissermaßen den Verantwortlichen für die Abweichung. Im Hinblick auf die spätere detaillierte Fehlersuche und Fehlerkorrektur muß an dieser Stelle die genauere Ermittlung der Abweichungsursache vorgenommen werden, damit zu erkennen ist, wo die Ursachen für das Fehlverhalten zu suchen sind.

Zu diesem Zweck ist es erforderlich, daß von den Verantwortungsbereichen, die je nach Abweichungsart heranzuziehen sind, Begründungen für das Fehlverhalten geliefert werden. Bei Preis- bzw. Mengenabweichungen ist zunächst der Vertriebsbereich zuständig, welcher die marktseitigen Ursachen der Abweichungen begründen muß. Liegt die Ursache beim Produkt selbst, wie etwa bei mangelnder Funktionserfüllung oder unzureichender Zuverlässigkeit, so müssen Konstruktion und Entwicklung eingreifen. Bei Kostenabwicklungen infolge unvorhergesehener Engpaßsituation (Beschäftigungsabweichung) oder gestiegener Löhne bzw. Materialpreise (Verbrauchsabweichung) ist hingegen in der Regel die Produktion für die Begründung zuständig.

Es empfielt sich, für diese Begründungen ein einheitliches Formular vorzugeben, in dem von den zuständigen Stellen je nach der Abweichungsart die möglichen Ursachen einzutragen sind.

4.3.1.2 Ermitteln von Schwachstellen

Auf einer Ausschußsitzung, an der Mitarbieter aus den Unternehmensbereichen Konstruktion, Arbeitsvorbereitung, Fertigung, Vertrieb und Rechnungswesen teilnehmen sollten, können dann auf der Grundlage der Art und Ursachen der Abweichungen die Schwachstellen der Produkte lokalisiert werden. Dabei kann sich z. B. herausstellen, daß ein geringerer Marktbedarf als prognostiziert für die Produkte besteht, oder daß Eigenschaften bzw. Funktionserfüllung nicht den Anforderungen der Abnehmer entsprechen.

Wichtige Hilfsmittel bei der Schwachstellenermittlung sind z.B.

- Berichte über Kundenreklamationen
- Reparaturmeldungen
- Aktennotizen über Fertigungsprobleme
- Vertreter- und Messeberichte
- Kalkulationsunterlagen
- Schwachstellenkataloge /46/

Die Schwachstellenkataloge umfassen eine möglichst komplette Auflistung aller denkbaren Schwachstellen und ermöglichen so ein systematisches Einkreisen der vorhandenen Fehler. Grundsätzlich lassen sich produktbezogen zwei Kategorien von möglichen Schwachstellen definieren. Die erste Gruppe umfaßt alle technischen Mängel eines Produktes, die beispielsweise bei der Funktionserfüllung, Handhabung, Umweltbelastung oder auch bei der Verträglichkeit mit anderen Systemen auftreten können (Bild 43).

Die zweite Gruppe möglicher Schwachstellen beinhaltet alle Fehler, die in Zusammenhang mit dem Absatz des Produktes am Markt stehen. Dies kann z.B. eine falsche Einschätzung des Marktbedarfs,eine erfolglose Marketingstrategie oder eine Schwachstelle im Vertrieb sein.

Firma	Schwachstellenkatalog (Technik)	PÜS Blatt: 1
Schwachstelle	**Erläuterungen**	
Funktionserfüllung	- Genauigkeiten - Arbeitsgeschwindigkeit -	
Technische Eigenschaften	- Energie- bzw. Stoffbedarf - Gewicht, Abmessungen - Reparaturanfälligkeit -	
Eigenschaften der Handhabung	- Sicherheit des Bedienungspersonals - Anordnung der Bedienungselemente -	
Eigenschaften bez. Umwelt	- Lärm, Staub, Erschütterungen - Späne -	
Eigenschaften der Herstellung	- fertigungsgerechte Konstruktion - Verwendung von Standardelementen - Herstellungsverfahren -	
Verträglichkeit mit anderen Systemen	- Steuerungen (NC, CNC, Rumpf, Kopier) - Verkettung mit anderen Maschinen - Ver- und Entsorgung -	

Bild 43: Checkliste zur Ermittlung technischer Schwachstellen (Auszug)

Bei der Schwachstellenermittlung ist es besonders wichtig, daß alle Mängel präzise beschrieben werden. Jede gefundene Schwachstelle ist daher nach Möglichkeit in knapper Form, ggf. durch Skizzen ergänzt, zu dokumentieren.

Nach der Lokalisierung der Schwachstellen des Produktes müssen von den Ausschuß-Mitgliedern die für die Beseitigung der Fehler zuständigen Unternehmensbereiche bestimmt werden.

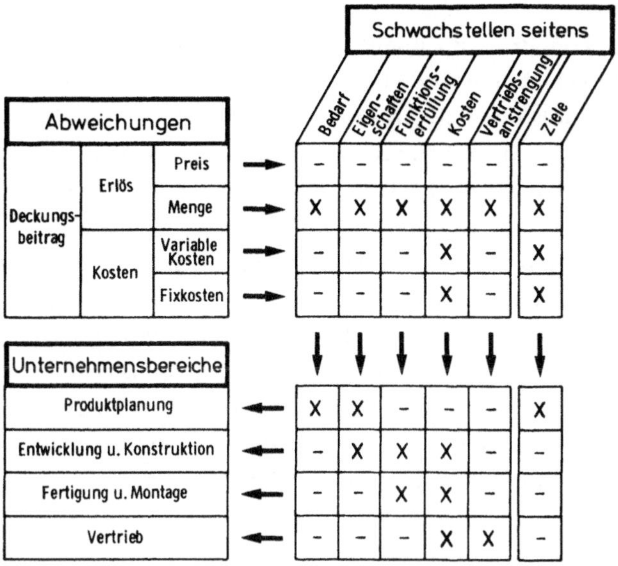

Bild 44: Ermittlung der für die Beseitigung von Schwachstellen zuständigen Unternehmensbereiche

Dabei lassen sich in Abhängigkeit von der Art der Schwachstelle bereits erste allgemeingültige Aussagen treffen (Bild 44).

Ergebnis der Ausschußarbeit sollten aber nicht nur die Ermittlung der Schwachstellen des Produktes und der für die Beseitigung zuständigen Unternehmensbereiche sein, sondern der Ausschuß sollte aufgrund seiner Kenntnisse bereits grobe Verbesserungsmaßnahmen vorschlagen. Diese Maßnahmen sollten zweckmäßigerweise in Form eines Lastenheftes dokumentiert werden.

In diesen Lastenheften sind die angestrebten Verbesserungen nach Möglichkeit schon grob zu quantifizieren. Weiterhin sollten die zu berücksichtigenden Randbedingungen sowie mögliche Informationsquellen bezeichnet werden. Liegen mehrere Schwachstellen vor, so muß darüber hinaus in Abhängigkeit von Art und Auswirkung des Mangels eine Priorität für die Beseitigung festgelegt werden.

Zusätzlich zu den bisher genannten Angaben sollte vom Ausschuß auch schon ein überschlägiger Zeit- und Kostenrahmen festgelegt werden. Da in diesem Stadium allenfalls vage Vorstellungen über die Realisierung der gestellten Änderungsanforderungen vorliegen, wird es sich nicht vermeiden lassen, Aufwand und Fristen abzuschätzen. Soweit vorhanden sollte hier auf Vergleichswerte aus früheren Untersuchungen zurückgegriffen werden.

Das Lastenheft bildet dann die Eingangsinformation für die Unternehmensbereiche, die für die Erstellung eines detaillierten Verbesserungsvorschlages zuständig sind.

4.3.2 Maßnahmenplanung

Der Ablauf der zweiten Phase der Produktsteuerung ist in Bild 45 dargestellt. Die angesprochenen Unternehmensbereiche haben die Aufgabe, innerhalb des vorgegebenen Zeit- und Kostenrahmens alternative Verbesserungsvorschläge mit einer Aufwandsabschätzung zu erstellen. Anschließend werden die eingereichten Verbesserungsvorschläge wieder auf einer Ausschußsitzung begutachtet und bewertet. Die Vorschläge mit den größten Erfolgsaussichten werden der Unternehmensleitung zur Entscheidung vorgelegt.

Fällt die Entscheidung negativ aus, d. h. der Verbesserungsvorschlag wird abgelehnt, so sollte dies auf jeden Fall begründet werden, um einer negativen Motivation (Demotivation) der betreffenden Mitarbeiter entgegen zu wirken.

Wird von der Unternehmensleitung der Auftrag für die Ausführung der Maßnahmen erteilt, so muß ein detaillierter Projektplan mit

Zeit- und Kostengrenzen erarbeitet werden, in dem die Aufgaben für die betroffenen Unternehmensbereiche klar definiert sind.

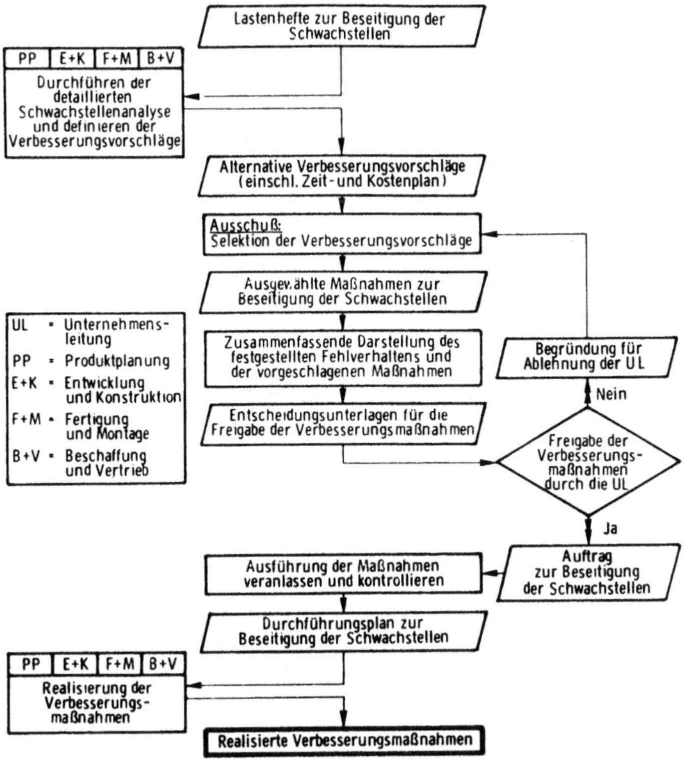

Bild 45: Ablauf der Produktsteuerung (Phase 2)

4.3.2.1 Ableiten alternativer Verbesserungsmaßnahmen

Als Maßnahmen zur Beeinflussung des Produktverhaltens können alle Maßnahmen aufgefaßt werden, die zum einen konstruktive Verbesserungen am Produkt selbst, zum anderen die Kostensenkung bei der Produktherstellung sowie letztlich die Förderung des Produktabsatzes zum Ziel haben.

Eine mögliche Maßnahme zur konstruktiven Verbesserung besteht z.B. in der Anwendung der Wertanalyse. Wertanalytische Maßnahmen bieten sich u.a. an, wenn die Abweichungsursachen in schlechter Funktionserfüllung der Produkte, zu hohen Herstell- oder Betriebskosten oder zu komplizierter Bedienung der Produkte liegen.

Während man bei Anwendung der Wertanalyse im Rahmen der Produktdefinition bzw. Produktentwicklung von Wertgestaltung ("Value engineering") spricht, handelt es sich hier um eine Wertverbesserung ("Value analysis"), da sich die Produktüberwachung auf bereits realisierte Produkte erstreckt /47/. Dabei ist der Aufwand für Änderungen an bestehenden Produkten naturgemäß größer als bei Produkten, die sich noch in der Planung bzw. Entwicklung befinden.

Außerdem läßt sich feststellen, daß die Umsatz- und Laufzeitauswirkungen wertanalytischer Maßnahmen im Rahmen der Produktsteuerung in der Regel kleiner sind als im Rahmen der Produktfindung bzw. Produktplanungsverfolgung. Hinzu kommt, daß der Umfang der Auswirkungen von Maßnahmen an bestehenden Produkten abhängig ist vom Einsatzzeitpunkt (Bild 46). Je später der Zeitpunkt liegt, desto geringer ist die Wahrscheinlichkeit, daß die Relation von Nutzen zu Aufwand den Einsatz der Wertanalyse rechtfertigt /48/.

Um eine Vorstellung über die mit dem Einsatz der Wertanalyse verbundenen Erfolgsmöglichkeiten zu vermitteln, sei die in Bild 47 dargestellte Übersicht über die während eines Zeitraumes von 5 Jahren in einem Maschinenbauunternehmen durch die Wertanalyse erzielten Erfolge angeführt. Der Erfolg betrug im Mittel das 6,5fache des Aufwandes bei einer durchschnittlichen Senkung der Herstellkosten der untersuchten Produkte von 12 % /10/.

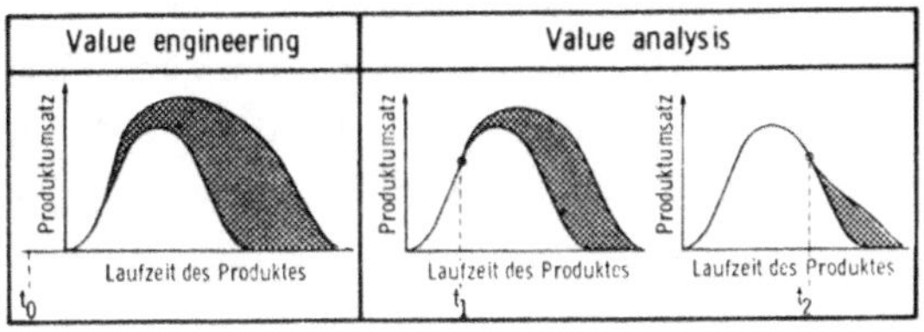

Anwendung der Wertanalyse auf / Zielgrößen	neues Produkt	vorhandenes Produkt	
	Zeitpunkt t_0	Zeitpunkt t_1	Zeitpunkt t_2
Frühzeitig ausgereiftes Produkt	●	◐	
Höherer Umsatz des Produktes	●	◐	○
Längere Laufzeit des Produktes	◐	●	◐
Niedriger Änderungsaufwand	●		

● Zielgröße in starkem Maße erfüllt
◐ Zielgröße erfüllt
○ Zielgröße in geringem Maße erfüllt

Bild 46: Auswirkungen der Wertanalyse

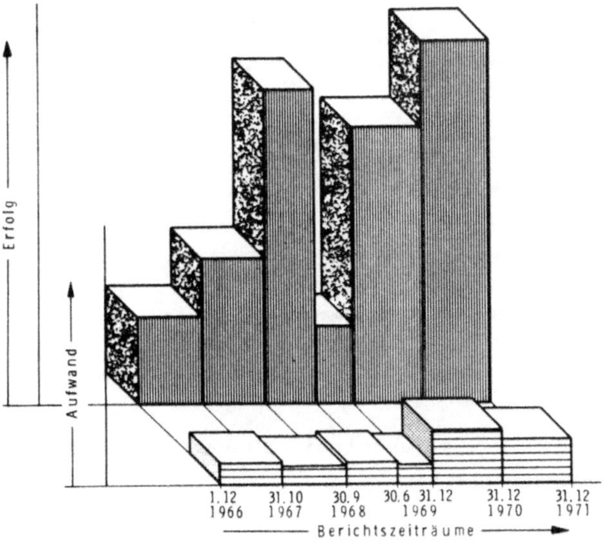

Bild 47: Erfolge der Wertanalyse in einem Maschinenbauunternehmen

Neben den konstruktiven Verbesserungsmaßnahmen bieten sich in Abhängigkeit von den festgestellten Schwachstellen auch Maßnahmen zur Optimierung der Produktherstellung an. An dieser Stelle sei nur auf die Möglichkeit hingewiesen, durch die Verringerung der Fertigungstiefe Kosten zu sparen.

Aufgrund mangelnden know-hows, fehlender eigener Fertigungskapazitäten oder ganz einfach weil ein Fremdbezug kostengünstiger ist, wird heute im Maschinenbau ein erheblicher Anteil der in die Endproduktion eingehenden Untergruppen und Teile zugekauft. Eine diesbezügliche Untersuchung /49/ über wertmäßige Anteile verschiedener Zukaufteilearten am Gesamtzukaufteilespektrum von Maschinenbauunternehmen zeigt, daß der wertmäßige Anteil elektrischer und besonders hydraulischer Zukaufteile in den Unternehmen ständig steigt, während der Anteil zugekaufter mechanischer Bauelemente stark sinkt (Bild 48). Dies dürfte neben der steigenden Verwendung

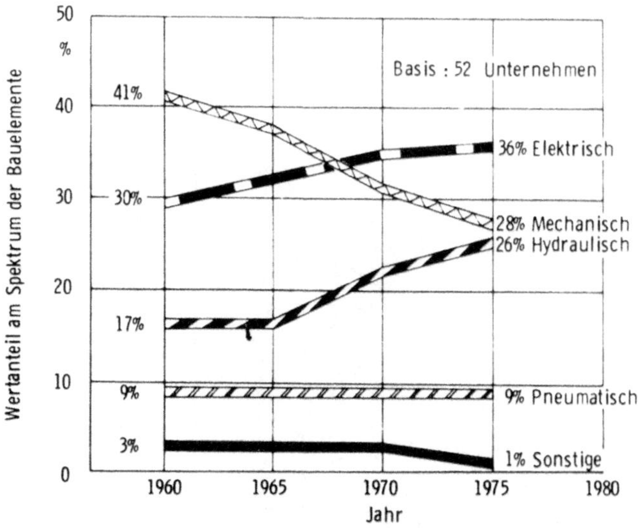

Bild 48: Entwicklung des Zukaufteilespektrums von Maschinenbauunternehmen /49/

elektrischer und hydraulischer Bauelemente darauf zurückzuführen sein, daß die mechanischen Elemente zur Zeit noch weitgehend in den

Unternehmen selbst gefertigt werden. Unter dem Aspekt der Kostensenkung scheint es jedoch sinnvoll zu überprüfen, ob nicht ggf. auch mechanische Bauelemente kostengünstiger von Zulieferfirmen bezogen werden können.

Abschließend sei noch auf mögliche Maßnahmen zur Verbesserung des Produktabsatzes hingewiesen. Diesem Bereich kommt heute infolge des zunehmenden Erreichens von Sättigungsgrenzen erhöhte Bedeutung zu. Dabei lassen sich aus den Anforderungen, die der Kunde heute an die Produkte stellt, wesentliche Erkenntnisse ableiten. Der Anwender fordert heute oftmals eine seiner speziellen Problemstellung angepaßte optimale Lösung, wobei generell die Forderung nach Automatisierung und Flexibilität der Problemlösung gestellt wird. Produkte, die diesen Anforderungen entsprechen, setzen jedoch bei ihrer Anwendung im Unternehmen Bedingungen voraus, die häufig nicht gegeben sind und somit dem Einsatz dieser Produkte Grenzen setzen.

Maßnahmen zur Absatzförderung hochautomatisierter Maschinen sollten daher stärker als bisher darauf hinzielen, den Anwender derartiger Maschinen bei der Verschiebung seiner Automatisierungsgrenzen zu unterstützen, wobei die Hersteller ihre Erfahrungen in speziellen Fertigungs- und Organisationsproblemen in die Kundenberatung einfließen lassen können. Dies könnte in Form von sogenannter Auswahl- und Anwendungs-Software geschehen, welche alle Auswahl- und Anwendungsprobleme des Kunden berücksichtigt. Erst dann erhält nämlich der Kunde eine vollständige Problemlösung (Bild 49).

Die Angebotserstellung wird unterstützt durch die Auswahl-Software, welche bei einer Kundenanfrage die Auswahl einer bestimmten Maschine aus dem Produktprogramm erleichtert. Sie beinhaltet beispielsweise Bearbeitungsanalysen, Zeitberechnungen oder Wirtschaftlichkeitsberechnungen. Nach Auftragserteilung sollte der Hersteller dem Anwender aber auch eine umfangreiche Anwendungs-Software anbieten, welche als untrennbarer Bestandteil jeder Problemlösung anzusehen ist. Dies betrifft beispielsweise die Schulung des Personals, die Beratung hinsichtlich neuer Methoden

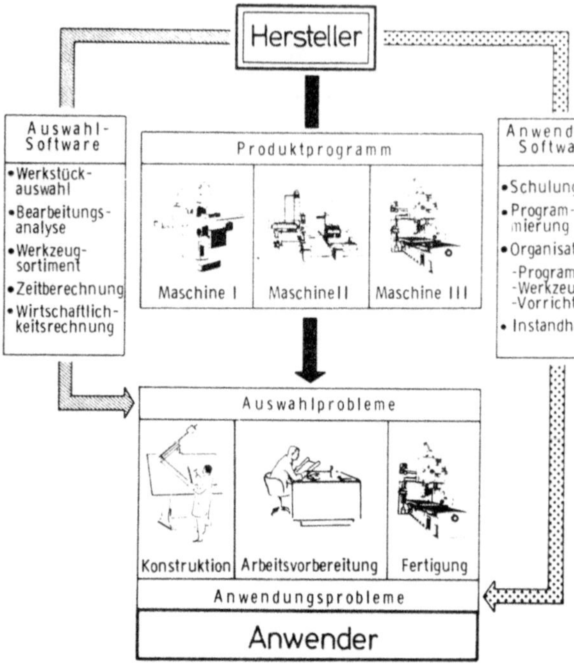

Bild 49: Erweiterung des Dienstleistungsangebotes bei Maschinenbauunternehmen

der Betriebsmittelorganisation sowie nach Inbetriebnahme der Maschinen ggf. auch deren laufende Instandhaltung.

Die hier gemachten Ausführungen können naturgemäß nur allgemeingültige Vorschläge für mögliche Anpassungsmaßnahmen darstellen. Betriebsspezifische Verbesserungsvorschläge können nur vor dem Hintergrund der jeweils vorliegenden aktuellen Problemstellung ausgearbeitet werden.

Im Interesse einer möglichst optimalen Verbesserung des Produktes bzw. des Produktabsatzes empfiehlt es sich, alternative Verbesserungsvorschläge auszuarbeiten. Für die Erstellung kann ein Formular, wie in Bild 50 dargestellt, Verwendung finden (vgl. Kapitel 5.2).

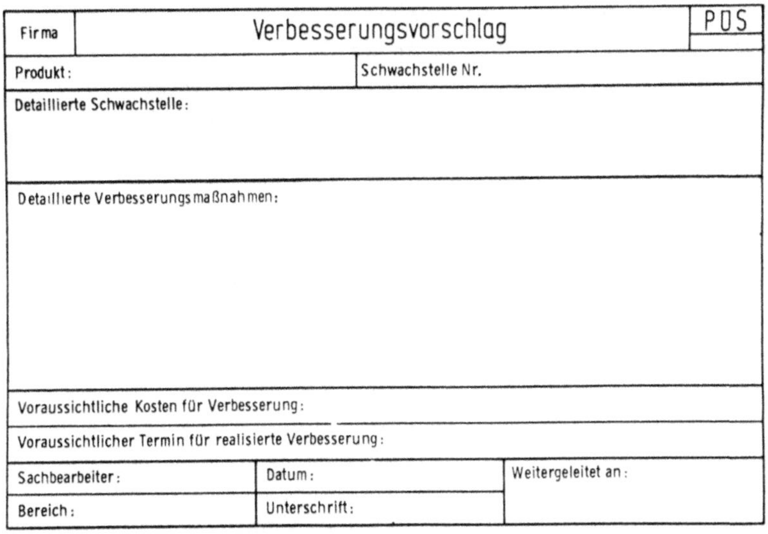

Firma | Verbesserungsvorschlag | POS
Produkt: | Schwachstelle Nr.
Detaillierte Schwachstelle:
Detaillierte Verbesserungsmaßnahmen:
Voraussichtliche Kosten für Verbesserung:
Voraussichtlicher Termin für realisierte Verbesserung:
Sachbearbeiter: | Datum: | Weitergeleitet an:
Bereich: | Unterschrift:

Bild 50: Formblatt für Verbesserungsvorschläge

4.3.2.2 Bewerten von Verbesserungsmaßnahmen

Bevor die alternativen Verbesserungsmaßnahmen einer abschließenden Bewertung unterzogen werden können, ist der zur Realisierung erforderliche Aufwand zu ermitteln. Die systematische Vorgehensweise dazu soll hier kurz am Beispiel des Produktionsbereiches erläutert werden. Prinzipiell gilt für die anderen von der Verbesserungsmaßnahme betroffenen Unternehmensbereiche eine entsprechende Vorgehensweise.

Zuerst muß der durch die vorgeschlagene Verbesserungsmaßnahme veränderte Kapazitätsbedarf möglichst genau ermittelt werden. Dies geschieht zweckmäßigerweise über eine technische und zeitliche Zuordnung von Produkten und Produktionsmitteln. Das Ergebnis dieser Zuordnung sind sogenannte Kapazitätsprofile, die den Kapazitätsbedarf in Abhängigkeit von Kapazitätsgruppen ausweisen. Durch einen Vergleich der Nachfrage vor und nach der möglichen Durchführung der Verbesserungsmaßnahme kann der zusätzliche bzw. verminderte Kapazitätsbedarf ausgewiesen werden.

In Abhängigkeit von den somit erhaltenen Nachfrageplänen nach Betriebsmitteln kann die Veränderung des Personalbedarfs und das evtl. benötigte Investitionsvolumen bestimmt werden (Bild 51). Ergebnis der Bedarfsanalyse sind die für die Verbesserungsmaßnahme bereitzustellenden Finanzmittel. Analog dazu können auch die in den Bereichen Konstruktion, Vertrieb usw. anfallenden Ausgaben bestimmt werden /50,51,52/.

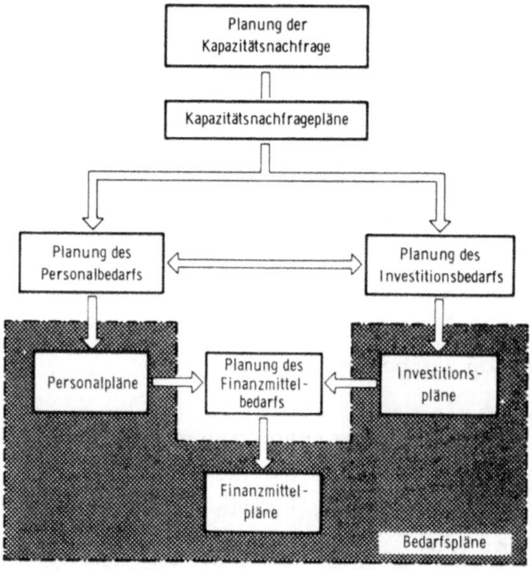

Bild 51: Aufstellen der Bedarfspläne im Rahmen der Kostenplanung

Dem auf diese Weise ermittelten zusätzlichen Aufwand, der durch die betrachtete Verbesserungsmaßnahme verursacht wird, müssen in einem nächsten Schritt die zusätzlichen Einnahmeüberschüsse gegenübergestellt werden (Bild 52). Im Schnittpunkt der über der Zeit aufsummierten Kurven erhält man den Amortisationszeitpunkt für den getätigten Aufwand.

In Bild 53 sind in einem Formular die wichtigsten Wirtschaftlichkeitskennzahlen aufgeführt, die bei der Planung bzw. Verbesserung eines Produktes berücksichtigt werden sollten. Wichtig ist, daß dabei die Zahlen für die prognostizierte restliche Lebensdauer fortgeschrieben werden, um eine Aussage über die wahrscheinliche Gesamtrendite zu erhalten /53/.

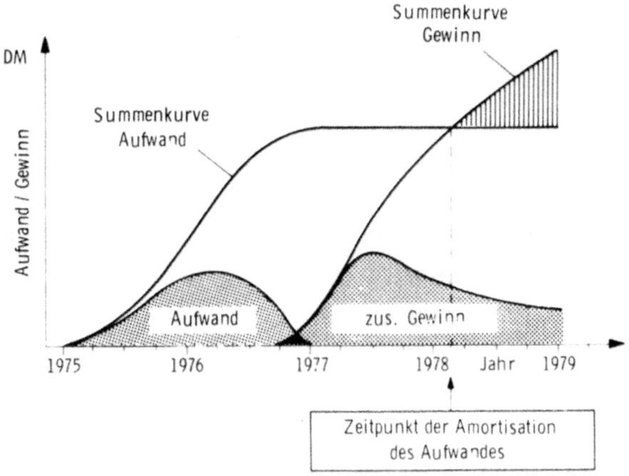

Bild 52: Ermittlung des Amortisationszeitpunktes von Verbesserungsmaßnahmen

Bereich	Gebiet	WIRTSCHAFTLICHER PRODUKTPLAN II			Ausgabe		Datum			
Produkt		Produkt-Nr.		Alternative		Unterschrift				
Geschäftsjahre	74/75	75/76	76/77	77/78	78/79	79/80	80/81	81/82	82/83	83/84
ZUSÄTZLICHE: Entwicklungsausgaben										
Investitionsausgaben Entwicklung, Fertigung + Vertrieb										
Vor/Anlaufausgaben in Fertigung + Vertrieb										
Veränderungen im Umlaufvermögen										
Summe Finanzmitteleinsatz										
Einnahmen aus Umsatz										
Ausgaben in Fertigung + Vertrieb (Personal + Material)										
Einnahmeüberschüsse										
Veränderungen der Einnahmeüberschüsse anderer Produkte										
Zahlungsreihe										
Zahlungsreihe aufgelaufen										

Rendite-Kennzahl	%

Bild 53: Wirtschaftlicher Produktplan (Quelle: Siemens)

Abschließend an die Berechnung der Wirtschaftlichkeitskennzahlen muß eine Bewertung der alternativen Verbesserungsmaßnahmen erfolgen. Als Bewertungskriterien sollten neben den Kennzahlen zusätzlich aufgenommen werden:

- Eignungsgrad der Maßnahme zur Beseitigung der Schwachstelle
- notwendiger Realisierungszeitraum
- Übereinstimmung mit Unternehmenszielsetzung

Die zusammenfassende Darstellung des festgestellten Fehlverhaltens der Produkte (in Form des Begleitformulars) und der vorgeschlagenen Verbesserungsmaßnahmen sind der Unternehmensleitung als Entscheidungsunterlage vorzulegen.

Im Anschluß an die Auswahl der geeignetesten Verbesserungsmaßnahme erfolgt in einem letzten Teilschritt der Produktsteuerung die Durchführungsplanung für die Maßnahme.

4.3.2.3 Durchführungsplanung

Die Durchführung der Änderungsmaßnahmen stellt für das Unternehmen eine Aufgabe dar, welche im allgemeinen unabhängig von den täglichen Aufgaben anfällt. Sie kann demnach als Einzelprojekt betrachtet werden, welches zweckmäßig mit Hilfe der Techniken des modernen Projekt-Management geplant, durchgeführt und kontrolliert wird.

Für die Durchführung der in den Verbesserungsvorschlägen festgelegten Maßnahmen wird daher zunächst zweckmäßig ein Netzplan erstellt, in dem alle erforderlichen Aktivitäten mit den entsprechenden Belastungen und Fristen aufgeführt sind. Die Orientierungsdaten für die Termin- und Kostenplanung können dabei aus den Verbesserungsvorschlägen entnommen werden.

In Bild 54 ist ein entsprechender Grobnetzplan für die Durchführung von Änderungsmaßnahmen - es sollen in diesem Falle konstruktive

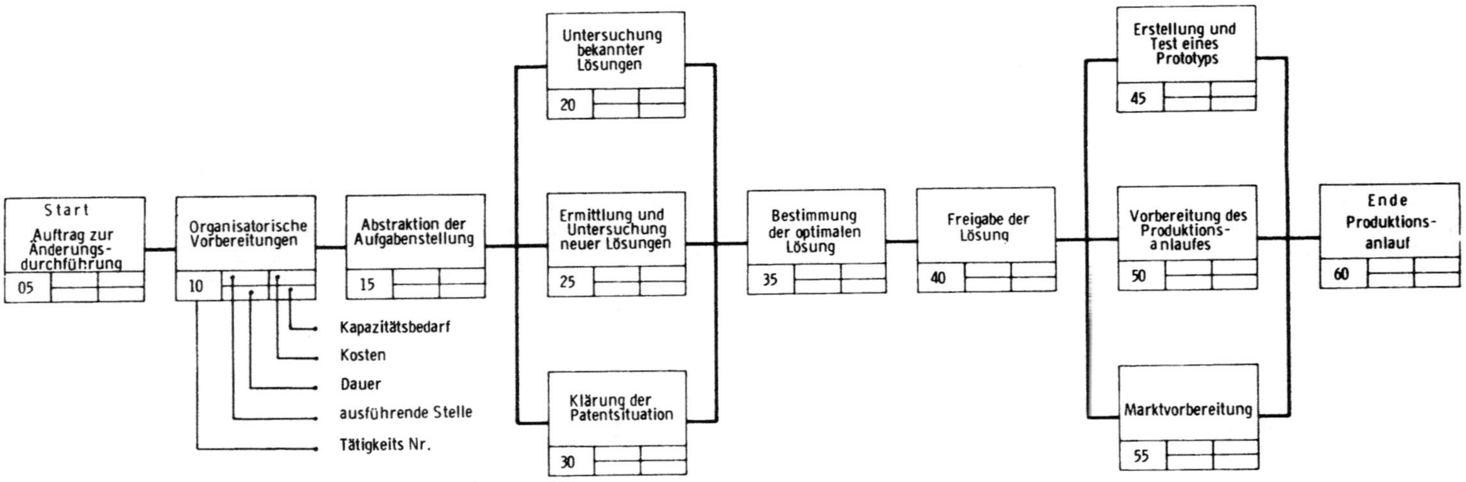

Bild 54: Netzplan für die Durchführung von Änderungsmaßnahmen

Änderungen am Produkt durchgeführt werden - dargestellt. Nach der innerbetrieblichen Auftragserteilung zur Durchführung der Änderungen sind zunächst organisatorische Vorbereitungen zu treffen. Es muß ein Arbeitsteam, welches mit der Durchführung der Arbeiten betraut werden soll, sowie ein Verantwortlicher gegenüber der Geschäftsleitung bestimmt werden. Als nächste Aufgabe muß eine Abstraktion der Aufgabenstellung vorgenommen werden. Es empfiehlt sich hierbei, einen Funktionsplan des zu ändernden Produktes aufzustellen, damit für die infrage kommenden Funktionen in der weiteren Folge sowohl bekannte als auch evtl. neue Lösungen ermittelt und auf ihre Verwendbarkeit untersucht werden können. Hierbei sind unter Umständen Laborversuche durchzuführen. Parallel müssen sich evtl. ergebende patentrechtliche Fragestellungen geklärt werden. Der Abschluß dieser Arbeiten besteht in der Ermittlung der Lösungen, die den Verbesserungsvorschlägen am meisten entsprechen. Für diese Lösungen ist die Freigabe der Geschäftsleitung einzuholen.

Anschließend kann mit dem Bau eines Prototyps begonnen werden, an dem die ausgeführten Änderungen erprobt und überprüft werden können. Parallel dazu sollte die organisatorische Vorbereitung des Produktionsanlaufes erfolgen, wobei insbesondere die Auswirkungen der durchgeführten Änderungen in den Produktionsunterlagen berücksichtigt werden müssen. Diese Aufgabe wird jedoch in der Regel zum größten Teil mit Hilfe des vorhandenen Änderungsdienstes durchgeführt werden können. Als weitere Aufgabe ergibt sich schließlich die Marktvorbereitung, durch die der Kunde auf die vorgenommenen Änderungen rechtzeitig aufmerksam gemacht werden soll. Mit Beginn des Produktionsanlaufes sind dann die Änderungsarbeiten abgeschlossen.

Natürlich müssen für jede der im Grobnetzplan angeführten Tätigkeiten detaillierte Unternetzpläne aufgestellt werden. Zusätzlich empfiehlt sich bei größeren Projekten eine Tätigkeitsbeschreibung, welche eine Beschreibung der Arbeitsfolgen sowie Aussagen hinsichtlich der über den Arbeitsfortschritt zu benachrichtigenden Stellen enthält.

Um die Funktionsfähigkeit des vorgestellten Systems zur Produktüberwachung und -steuerung nachzuweisen, soll im folgenden die Vorgehensweise mit den wichtigsten Ergebnissen am Beispiel der Produktgruppe "Produktionsfräsmaschinen" eines Werkzeugmaschinenherstellers durchgeführt werden.

5. Fallbeispiel zur Produktüberwachung und -steuerung

Die in diesem Fallbeispiel betrachtete Produktgruppe "Produktionsfräsmaschinen" umfaßt zwei unterschiedlich große und leistungsstarke Grundtypen, die jeweils mit Vertikal- oder Horizontal-Fräseinheiten bestückt werden können. Darüber hinaus besteht die Möglichkeit, beide Grundtypen mit verschiedenen Steuerungen auszurüsten. Eine Variante dieser Produktgruppe, von der bis 1974 über 1200 Maschinen ausgeliefert wurden, ist in Bild 55 dargestellt.

Werkbild: Heller

Bild 55: Produktionsfräsmaschine vor Verbesserungsmaßnahme

5.1 Produktüberwachung

Grundlage der Überwachung des Erfolgsverhaltens einer Produktgruppe muß, wie bereits erwähnt, die vorherige Dokumentation der Erfolgserwartungen in Form von Planzahlen sein. In Bild 56 ist ein Beispiel für einen Absatzplan der Produktgruppe "Produktionsfräsmaschinen" für den Zeitraum von 2 Jahren gezeigt, der nach Abnehmerbranchen und Abnehmerländern untergliedert ist.

Firma	Mittelfristiger Absatzplan (Länder und Branchen)	Blatt 1	UP
Prod.- Nr.: 00728 - 279	Prod.- Bereich: Fräsmaschinen	Prod.- Bezeichnung: Produktionsfräsmaschine	
Planungszeitraum: 1975 - 1976	Datum: 18.11.1974	Sachbearbeiter: [Unterschrift]	UP - A

Abnehmer		1975				1976	
Land	Branche	1.Quart.	2.Quart.	3.Quart.	4.Quart.	1.Halbj.	2.Halbj.
Bundes-republik	Gesamt	22	22	20	20	35	30
	Automobilbau	8	8	7	7	12	10
	Werkzeugmaschbau	6	6	5	5	9	8
	Sonstige	8	8	8	8	14	12
EG	Gesamt	8	8	6	6	10	8
	Automobilbau	3	3	2	2	3	3
	Sonstige	5	5	4	4	7	5
übriges Europa	Gesamt	6	6	5	5	8	6
	Automobilbau	2	2	1	1	4	3
	Druckmaschbau	1	1	1	1	2	1
	Sonstige	3	3	3	3	2	2
USA	Gesamt	4	4	3	3	6	5
	Automobilbau	1	1	1	1	2	2
	Werkzeugmaschbau	1	1	1	1	2	1
	Sonstige	2	2	1	1	2	2
Ostblock-länder	Gesamt	8	8	9	9	18	18
	Werkzeugmaschbau	5	5	6	6	12	12
	Sonstige	3	3	3	3	6	6
Sonstige	Gesamt	2	2	2	2	3	3
Gesamtabsatz (Stück)		50	50	45	45	80	70

Bild 56: Absatzplan für die Produktionsfräsmaschinen (Beispiel)

Die Werte für das Jahr 1975 sind quartalsweise aufgeführt, während für 1976 nur noch Halbjahreswerte vorgesehen sind. Im Rahmen des periodischen Plan-/Istwert-Vergleichs werden diese Zahlen überprüft, aktualisiert und weiter fortgeschrieben.

Es muß an dieser Stelle ausdrücklich darauf hingewiesen werden, daß die in diesem Fallbeispiel genannten Zahlen nur als Beispiele zu verstehen sind und keinesfalls die echten Werte wiedergeben.

Beim Vergleich der Planwerte für die Produktionsfräsmaschine (Bild 56) mit den tatsächlichen Werten anhand der Verkaufsstatistik wurde ein starkes Absinken der Verkaufszahlen festgestellt. Sowohl der Umsatz als auch der Deckungsbeitrag wiesen bei weitgehend eingehaltenen Kosten Abweichungen auf, die die auf 10 % vorgegebenen Toleranzgrenzen unterschritten. Aus diesem Grund mußte überprüft werden, ob der Aufwand für Verbesserungsmaßnahmen bei dieser Produktgruppe noch gerechtfertigt war.

Grundlage hierzu bildeten die bereits in Kapitel 4.2.2 erläuterten Bewertungskriterien, die im wesentlichen die Beurteilung der Produktgruppe hinsichtlich

- der Bedeutung für das Unternehmen und
- der Erfolgsaussichten am Markt

erlaubten.

Ein Hauptkriterium zur Beurteilung der Bedeutung der Produktgruppe stellte der Anteil des Umsatzes am Gesamtumsatz des Unternehmens dar.

Wie aus der Lorenz-Kurve in Bild 57 zu ersehen ist, gehörte die Produktionsfräsmaschine zu den Hauptumsatzträgern des Unternehmens. Von den 15 Produktgruppen tragen 3 Gruppen, nämlich die Sondermaschinen, die Spezial-Fräsmaschinen sowie die Produktionsfräsmaschinen mehr als 50 % des Gesamtumsatzes. Die Auflistung der Deckungsbeitragsanteile ergab ähnliche Ergebnisse.

Neben den Umsatz- bzw. Deckungsbeitragsanteilen wurde zusätzlich die bisherige Entwicklung dieser Kennzahlen einer detaillierteren Untersuchung unterzogen. Hierbei stellt die Summierung der Einzelwerte, wie sie für den Umsatz qualitativ in Bild 58 dargestellt ist, eine wertvolle Hilfe dar. Daraus ist zu ersehen, daß beispielsweise die Spezial-Fräsmaschinen seit ihrer Markteinführung im Jahre 1971 eine schnelle Umsatzsteigerung erlebt haben, während der Umsatz der Produktionsfräsmaschinen lange Zeit stagnierte und im letzten Quartal plötzlich abgesunken ist.

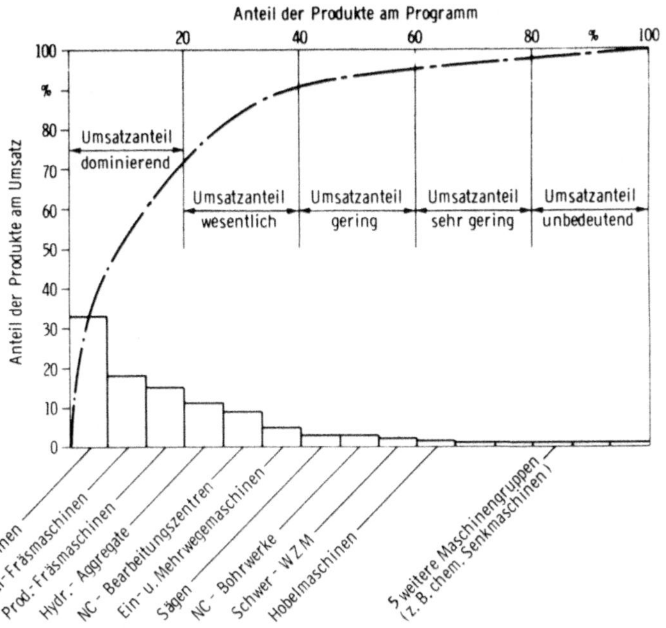

Bild 57: Beispiel für eine Verteilung des Umsatzes auf unterschiedliche Produktgruppen eines Unternehmens

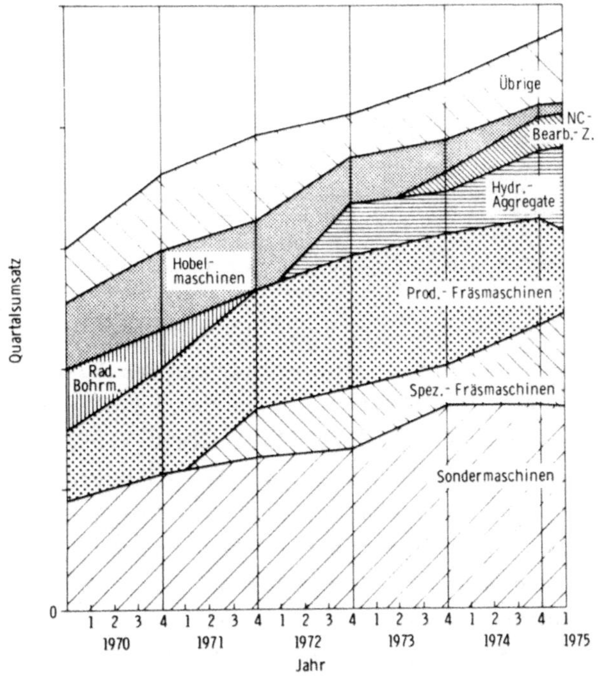

Bild 58: Beispiel für die Entwicklung der Umsatzanteile

Bezüglich der Erfolgsaussichten der Produktgruppe am Markt wurde eine Marktanalyse durchgeführt, die Auskunft geben sollte über die Aufnahmefähigkeit des Marktes, die Wettbewerbssituation und die bisherigen Entwicklung der Marktanteile. Am Beispiel für die hier betrachtete Produktionsfräsmaschine zeigt Bild 59 qualitativ die Ergebnisse der Untersuchungen.

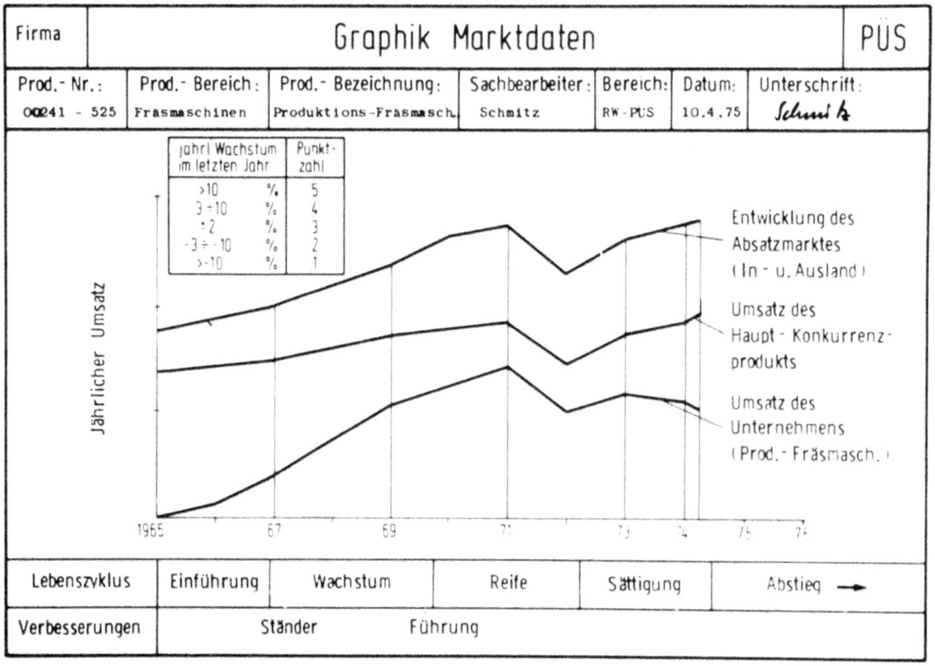

Bild 59: Ergebnisse einer Marktanalyse (Beispiel)

Die untere Kurve zeigt den Umsatzverlauf des Werkzeugmaschinenherstellers, während die mittlere Kurve den kumulierten Umsatz des Hauptkonkurrenzproduktes darstellt. Die Differenz beider Kurven beschreibt also den Marktanteil des Konkurrenten. Die Entwicklung des gesamten Absatzmarktes für die Produktionsfräsmaschinen ist aus der oberen Kurve ersichtlich. Die Marktanalyse verdeutlicht, daß die Produktgruppe "Produktionsfräsmaschinen" seit ihrer Markteinführung im Jahre 1965 schnell einen großen Marktanteil auf Kosten des bisherigen Marktführers erringen konnte.

Seit 1972 machte sich dann eine Stagnation bzw. ein leichtes Absinken der Absatzzahlen bemerkbar, während der Gesamtmarkt einen Anstieg zu verzeichnen hatte.

Bei der anschließenden Bewertung der Erfolgsaussichten der Produktgruppe "Produktionsfräsmaschinen" nach dem in Kapitel 4.2.2 vorgestellten Bewertungsschema ergab sich eine Punktwertzahl von ca. 70 (Bild 60). Dieses Ergebnis, etwa 60 % der maximal erreichbaren Punktzahl, zeigte, daß die Produktionsfräsmaschine geeignet für Verbesserungsmaßnahmen erschien. Aus diesem Grunde wurde von der Unternehmensleitung beschlossen, im Rahmen der Produktsteuerung geeignete Maßnahmen zur Korrektur des Fehlverhaltens ausarbeiten zu lassen.

Firma	Qualitative Produktbewertung					PÜS
Kontrollierter Zeitraum: 1. Quartal 1975			Zeitpunkt der Kontrolle: 14.04.1975			
Produkt-Nr.: 00241-525	Produktbereich: Fräsmaschinen		Produktbezeichnung: Prod.-Fräsmasch.PF-9			
Bewertungskriterien		G	W_1	W_2	W_3	Ø W x G
Bedeutung für das Unternehmen	Umsatzanteil	2	5	5	5	10
	Entwicklung des Umsatzanteiles	2	3	2	2	4,7
	Deckungsbeitragsanteil	2	2	2	2	4
	Entwicklung des Deckungsbeitraganteiles	2	1	1	1	2
	Bindung an andere eigene Produkte	1	3	4	4	3,7
Erfolgsaussichten am Markt	Marktstruktur	1	5	5	5	5
	durchschnittliches Wachstum der Märkte	2	3	4	3	6,7
	Wettbewerbssituation	2	4	4	4	8
	Entwicklung der Marktanteile	2	3	2	2	4,7
	Substitutionsgefahren	2	5	4	5	9,3
	Lebenszyklus	3	2	2	2	6
	Lebenserwartung	2	3	3	2	5,3
P_{min} = 23		P_{max} = 115			Pges	69,4
Sachbearbeiter: Controletti			Datum: 18.4.1975			
Bereich: RW-PÜS			Unterschrift: J. Controletti			

Bild 60: Bewertungsformular für die Produktionsfräsmaschine

5.2 Produktsteuerung

Zur Durchführung der Produktsteuerung wurde ein Ausschuß mit Mitarbeitern aus allen betroffenen Unternehmensbereichen gegründet. In einem ersten Schritt mußten die Abweichungsart und Ursachen für die festgestellten Planabweichungen ermittelt werden.

Die Analyse der Abweichungsart beim Plan-/Istwert-Vergleich ergab, daß es sich im wesentlichen um eine Mengenabweichung, d. h. um geringere Absatzzahlen handelte. Daraufhin wurden die einzelnen Unternehmensbereiche aufgefordert, mögliche Ursachen für die festgestellten Abweichungen zusammenzustellen und auf einem Formular zu dokumentieren. Dabei stellte sich heraus, daß u. a. die Anpassung der Numerischen Steuerungen (NC) fremder Hersteller an das eigene Produkt aufwendig war. Dieser Tatbestand wirkt sich negativ auf den Verkauf aus, da viele Kunden aus Reparatur- und Instandhaltungsgründen Wert darauf legen, Steuerungen nur von einem Hersteller ihrer Wahl zu beziehen.

Darüber hinaus wurde von der Fertigung angemerkt, daß der Maschinenständer aufgrund seiner gekrümmten Außenkontur (s. Bild 55) nur mit erheblichem Aufwand auf den Fertigungseinrichtungen zu positionieren und zu spannen war. Weiterhin wurde die Arbeitsvorgangsfolge für die Führungsbahnen als zu aufwendig angesehen, da diese erst gefräst, dann geschliffen und anschließend noch gehärtet werden mußten. Insgesamt wurde festgestellt, daß die Konstruktion des Produktes in vielen Fällen zu teuer war und nicht mehr den neuesten fertigungstechnischen Erkenntnissen entsprach. Hierdurch konnte auch der moderne und teure Maschinenbestand des Werkzeugmaschinenherstellers, u.a. bestehend aus einem numerisch gesteuerten (NC) Fertigungszentrum und einer NC-Langfräsmaschine, mit Werkstücken dieser Produktgruppe nur ungenügend beaufschlagt werden.

Vom Vertrieb wurde auf dieser Sitzung gemeldet, daß seit kurzer Zeit ein Konkurrent aus dem Ostblock eine nahezu identische Maschine zu einem um ca. 20 % günstigeren Preis anbot. Seit der Markteinführung dieses Konkurrenzproduktes war der Umsatz spürbar zurückgegangen.

Anhand der ermittelten Ursachen für die Abweichung der Istwerte von den Planwerten konnten in einem weiteren Schritt die Schwachstellen des Produktes lokalisiert werden (Bild 61). Es zeigte sich, daß nur der technische Bereich betroffen war, während Schwachstellen bezüglich der Abschätzung des Marktbedarfs und der Vertriebsbemühungen auszuschließen waren.

Firma:	Schwachstellenermittlung	PÜS
Produktbereich: Frasmaschinen	Produkt: Produktions-fräsmaschine	
PÜS - Konferenz am: 20.04.75	lfd. Nr.:	

Einordnung der Schwachstellen		Schwachstellen Nr.	Schwachstelle
Technik	Funktionserfüllung	①	- Drehzahlbereich des Getriebes ist nicht gut geeignet für Bohrbearbeitung, da der Stufensprung zu groß
	Eigenschaften	②	- Teure Konzeption durch häufige Detailanpassungen (z. B. Änderung des Getriebes bewirkt Änderung der Gußkonstruktion)
		③	- Zu viele Varianten in der Baureihe (z. B. Anpassungen von Führungen, Antrieben und Steuerungen an die NC- oder Kopiertechnik)
		④	- Einzelteile des Produktes können nicht oder nur in geringem Umfang auf dem vorhandenen NC-Fertigungszentrum und der NC-Langfrasmaschine gefertigt werden.
Absatz	Marktbedarf		–
	Vertriebsanstrengung		–

Bild 61: Schwachstellen der Produktionsfräsmaschine

Die Ausprägung und der Umfang der festgestellten Schwächen veranlaßte das Unternehmen auch vor dem Hintergrund neuer fertigungstechnischer Erkenntnisse, nunmehr keine weiteren Detailverbesserungen wie bisher an der Produktgruppe vorzunehmen, sondern ein vollkommen neues Maschinenkonzept zu erstellen. Die vorgegebenen Randbedingungen für die Verbesserungsmaßnahmen gehen aus dem Lastenheft zur Beseitigung der Schwachstellen hervor (Bild 62).

Für die Erarbeitung geeigneter Verbesserungsmaßnahmen wurden detailliertere Schwachstellenanalysen an den einzelnen Bauteilen der Produktionsfräsmaschine erforderlich. Die gebogene Außen-

Firma.	Lastenheft zur Beseitigung der Schwachstellen	PUS

Produktbereich. Fräsmaschinen	Produkt: Produktionsfräsmaschine
Schwachstellen: (1) bis (4)	zuständiger Bereich: Konstrukt.

Maßnahmen	Hinweise und Hilfsmittel
Vorbemerkung Statt weiterer Detailverbesserungen nun Standardisierung und Bilden von Baureihen	
Maßnahmen	
- NC-fertigungsgerechte Konstruktion	- Literatur über NC-Fertigung - Beschreibung vom Fertigungszentrum
- Verlegung von Anpaß- und Ausrichtmaßen von Montage in Fertigung	- Normen - Arbeitspläne
- Vergrößerung Vormontageumfang	
- Beibehalten der Qualität	- Schlesinger - Norm
- Erweiterung des Drehzahlbereiches (Fräsen und Bohren)	- Maschinenbeschreibungen
- Anschlußmöglichkeiten für mehrere Steuerungen	- Kataloge der Steuerungshersteller
- Einheitliche Bauelemente	- Kaufteilekataloge

Kostenlimit für Verbesserung:	25 % unter Herstellkosten der alten Fräsmaschine
Termin für Verbesserungsvorschläge:	Mai 1975
Termin für realisierte Verbesserung:	Okt. 1975

Bild 62: Aufbau und Inhalt eines Lastenheftes

kontur des Maschinenständers beispielsweise wurde bisher mit einem Positionierblock auf der Rückseite gegossen, der das Aufspannen auf die Bearbeitungsmaschinen erst ermöglichte. Nach der endgültigen Bearbeitung wurde dieser Block abgesägt. Der entsprechende Verbesserungsvorschlag für den Maschinenständer enthielt deswegen die Anmerkung, die Kontur fertigungsgerechter zu gestalten und zwar in der Form, daß der Ständer demnächst auf der NC-Langfräsmaschine bearbeitet werden kann.

Den von der Konstruktion hierzu erarbeiteten Verbesserungsvorschlag zeigt Bild 63.

Zuletzt wurden die erarbeiteten Verbesserungsvorschläge bewertet und der Unternehmensleitung zur endgültigen Entscheidung über die Freigabe vorgelegt.

Firma	Verbesserungsvorschlag		PÜS
Produkt: Produktionsfräsmaschine		**Schwachstelle Nr.** (4)	

Detaillierte Schwachstelle:
Einzelteile der Fräsmaschine können nicht oder nur in geringem Umfang auf dem vorhandenen NC-Fertigungszentrum und der NC-Langfräsmaschine gefertigt werden

Detaillierte Verbesserungsmaßnahmen: NC-gerechte Umkonstruktion von Maschinenbett und -ständer
- Anbringen von Spannflächen
- Positionierhilfen
- Entfernen von Rippen und Erhebungen zur Vermeidung von Werkzeugbehinderungen
- Verwendung von standardisierten Bohrdurchmessern, Lochtiefen, Gewinden, Teilkreisdurchmessern und Formelementen, die mit den vorhandenen Werkzeugen zu realisieren sind
- Anpassung der Bohrbilder an vorhandene Bohrköpfe
- Bearbeitungsrichtungen nur in Hauptrichtungen der NC-Maschine
- Unterschreiten der maximal herstellbaren Genauigkeiten und Toleranzen

Voraussichtliche Kosten für Verbesserung: DM 12.000,--

Voraussichtlicher Termin für realisierte Verbesserung: Nov. 75

Sachbearbeiter: Meyer	**Datum:** 13.05.75	**Weitergeleitet an:** PÜS
Bereich: Konstruktion	**Unterschrift:** H. Meyer	

Bild 63: Verbesserungsvorschlag zur Beseitigung einer Schwachstelle

5.3 Ergebnis der Produktüberwachung und -steuerung

Die Ergebnisse der durchgeführten Verbesserungsmaßnahmen sind in den Bildern 64 und 65 dargestellt. Die gesamte Maschine wurde nach fertigungstechnischen Gesichtspunkten neu überarbeitet. Die Großteile wie Maschinenbett und Ständer können nun z.B. problemlos auf dem im Unternehmen vorhandenen NC-Bearbeitungszentrum und auf der NC-Langfräsmaschine bearbeitet werden. Die Führungen werden heute nur noch feingefräst und anschließend mit einer Kunststoffschicht versehen. Durch diese Maßnahmen konnten einerseits der Fertigungsaufwand erheblich reduziert und andererseits die Gleiteigenschaften verbessert werden. Der von der Maschine getrennte Schaltschrank wird vormontiert und braucht dann bei der Endmontage nur noch angeschlossen zu werden.

Bild 64: Maschinenbett und -ständer nach der Verbesserung

Werkbild. Heller

Bild 65: Produktionsfräsmaschine nach der Verbesserung

Das besondere an dem Aufbau des weiterentwickelten Produktes ist die Zuordnung nur einer Bewegungseinheit zu jeder Achsrichtung. Im Gegensatz zum Kreuzschlitten bei der vorherigen Konzeption führt hier der Tisch nur noch die Längsbewegung aus, während der Ständer die Querbewegung und die Fräseinheit die Vertikalbewegung vollziehen. Die aufwendigeren und lauten Hydraulikantriebe wurden durch geräuscharme und im Eilgang schnellere Gleichstrommotoren ersetzt. Das neue 18stufige Schaltgetriebe erlaubt jetzt auch eine Bohrbearbeitung (vgl. Bild 62). Außerdem ist ein einfacher Anbau von NC-Steuerungen beliebiger Hersteller möglich.

Insgesamt sind die durchgeführten Verbesserungsmaßnahmen an dieser Produktgruppe so umfassend, daß der Hersteller diese neue Produktionsfräsmaschine heute als die 4. Generation bezeichnet /54/.

Im Rahmen des hier vorgestellten Fallbeispiels konnte gezeigt werden, daß die Anwendung der in Kapitel 4. entwickelten Systematik zu erheblichen Erfolgen führen kann.

Verständlicherweise sind mit der Einführung eines derartigen Systems organisatorische Konsequenzen verbunden. Hierauf soll im folgenden näher eingegangen werden.

6. Institutionalisierung der Produktüberwachung und -steuerung

Die systematische Produktüberwachung und -steuerung stellt einen komplexen Planungs- und Kontrollvorgang dar. Ziel des in den vorherigen Kapiteln ausführlich beschriebenen Ablaufs ist ein erfolgreiches und an den Marktanforderungen orientiertes Produktprogramm der Unternehmen. Der gewünschte Erfolg setzt jedoch voraus, daß die erforderlichen Aktivitäten regelmäßig und sorgfältig durchgeführt werden. Aus diesem Grund empfiehlt es sich, die Produktüberwachung und -steuerung in die bestehende Unternehmensorganisation zu integrieren /55/.

Um eine funktionsgerechte Eingliederung vornehmen zu können, sind zunächst die Teilaufgaben in den einzelnen Überwachungs- und Steuerungsphasen zu analysieren. Daraus können in einem zweiten Schritt die Anforderungen des vorgestellten Systems an die Ablauf- und Aufbauorganisation abgeleitet werden.

Im Anschluß daran werden die Einsatzbedingungen möglicher Organisationsformen (Stelle, Ausschuß, Projekt-Team) diskutiert sowie die zweckmäßige Eingliederung in die Unternehmenshierarchie aufgezeigt.

6.1 Interdisziplinäre Aufgabenstellung der Produktüberwachung und -steuerung

Eine zusammenfassende Übersicht der Teilaufgaben der Produktüberwachung und -steuerung ist im linken Teil von Bild 66 gegeben, wobei eine Gliederung entsprechend den Phasen

- Kosten- und Erfolgsverhalten kontrollieren,
- negativ abweichende Produkte bewerten,
- Schwachstellenanalyse durchführen sowie
- Maßnahmenplanung durchführen

vorgenommen wurde.

Aufgabenkomplexe	Teilaufgaben der Produktüberwachung und -steuerung	Unternehmens-leitung	Finanz- und Rechnungswesen	Entwicklung und Konstruktion	Beschaffung	Arbeits-vorbereitung	Vertrieb	Marktforschung
Kosten- und Erfolgsverhalten kontrollieren	Planwerte vorgeben	■	■	■	■	■	■	
	Wert- und mengenmäßige Kennzahlen erfassen		■	□	■	□	■	■
	Periodischen Plan- / Istwert - Vergleich durchführen	■	■		■		■	■
	Negativ abweichende Produkte ermitteln	■	■		■		■	
Negativ abweichende Produkte bewerten	Bewertungskriterien festlegen und gewichten	■					■	
	Derzeitige und zukünftige Marktsituation analysieren	■			■		■	■
	Bedeutung der Produkte für das Unternehmen bestimmen	■	■				■	□
	Bewertung durchführen	■					■	□
	Produkte entsprechend Bewertungsergebnis einordnen	■					■	
Schwachstellen-analyse durchführen	Ursachen für Planabweichungen analysieren	■	■	■	■	■	■	■
	Schwachstellen ermitteln	■	■	■	■	■	■	■
	Lastenhefte zur Beseitigung der Schwachstellen erstellen	■	■	■	■	■	■	■
Maßnahmen-planung durchführen	Alternative Verbesserungsmaßnahmen ableiten	■	□	■	■	■	■	□
	Verbesserungsvorschläge bewerten und selektieren	■	□	■	■	■	■	□
	Durchführung der Maßnahmen planen	■		■	■	■	■	□

Zuständige Unternehmensbereiche

■ Teilaufgabe wird von der Stelle in der Regel bearbeitet

□ Teilaufgabe wird von der Stelle in Sonderfällen bearbeitet

Bild 66: Teilaufgaben der Produktüberwachung und -steuerung und ausführende Stellen im Unternehmen (nicht institutionalisiert)

Im rechten Teil des Bildes sind den einzelnen Teilaufgaben unter der Annahme, daß die Produktüberwachung und -steuerung im Unternehmen nicht institutionalisiert wurde, die im jeweiligen Fall zuständigen bzw. betroffenen Unternehmensbereiche wie Entwicklung, Vertrieb usw. zugeordnet worden. Die häufigen Mehrfachzuordnungen lassen erkennen, daß eine wesentliche Aufgabenstellung in einer zielgerichteten Kooperation der Bereiche bestehen muß. Außerdem ist sicherzustellen, daß die einzelnen produktgruppenbezogenen Teilaufgaben sowohl funktional als auch zeitlich koordiniert werden. Darüber hinaus wird durch eine Institutionalisierung gewährleistet, daß diejenigen Aktivitäten, die bisher in den

Unternehmen noch nicht oder nur in Ausnahmefällen ausgeführt wurden, in Zukunft realisiert werden.

Eine weitere Aufgabenstellung interdisziplinären Charakters (Bild 67) ergibt sich aus der Tatsache, daß hinsichtlich der Verbesserung eines vorhandenen Produktes in der Regel unterschiedliche Interessen der einzelnen Unternehmensbereiche bestehen, für die an dieser Stelle einige kurze Beispiele genannt werden sollen /56/.

So betont beispielsweise der Entwicklungsingenieur in erster Linie die Funktionsfähigkeit des Produktes, wobei er oft hohen technischen Stand und Perfektion anstrebt, was nicht immer zu kostengünstigen Lösungen führt. Die Fertigung zielt meist auf rationelle Serien- oder Massenfertigung ohne Ausschußrisiko ab. Da automatische Fertigungseinrichtungen für kleine Losgrößen nicht immer stückzahloptimal sind, müssen diese Ziele nicht unbedingt zu niedrigen Fertigungskosten führen, wie sie der Finanzbereich anstrebt. Um hinsichtlich der Zulieferungen nicht von marktführenden Spezialfirmen abhängig zu sein, ist die Beschaffungsabteilung wiederum daran interessiert, daß zur Herstellung der Produkte Materialien und Teile vorgesehen werden, die von einer ausreichenden Anzahl konkurrierender Unternehmen angeboten werden.

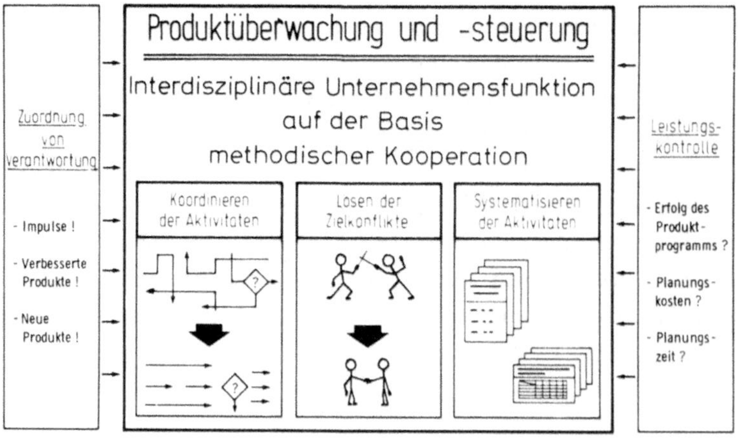

Bild 67: Interdisziplinäre Aufgabenstellung der Produktüberwachung und -steuerung

Insbesondere im Rahmen der Produktsteuerung ergibt sich in diesem Zusammenhang also die Aufgabe, die aus den häufig konkurrierenden Forderungen resultierenden Zielkonflikte zu lösen.

Die dritte interdisziplinäre Aufgabenstellung liegt darin, für alle Funktionsbereiche des Unternehmens, in denen Teilaufgaben bearbeitet werden (z.B. Kennzahlen überwachen, Produkte bewerten, Verbesserungsvorschläge aufstellen), systematische Vorgehensweisen zu entwickeln. Systematische Vorgehensweisen werden zu Zeit- und Kosteneinsparungen beitragen und - was noch bedeutsamer ist - es ermöglichen, daß die Teilaufgaben mit größerem Erfolg durchgeführt werden.

Neben der Erfüllung der drei genannten Aufgabenstellungen ergibt sich durch die Institutionalisierung der Produktüberwachung und -steuerung in der Unternehmensorganisation die Möglichkeit, eine eindeutige Zuordnung von Verantwortung sowie eine gezielte Leistungskontrolle vornehmen zu können.

Auf der Basis der interdisziplinären Aufgabenstellungen lassen sich die Anforderungen an die Organisation der Produktüberwachung und -steuerung und ihre Eingliederung im Unternehmen ableiten. Dazu sind die generellen Fragestellungen zur Ablauforganisation, nämlich

- "Was soll getan werden?"
- "Wie soll es getan werden?"
- "Wer soll es tun?"
- "Wann soll es getan werden?"

und zur Aufbauorganisation, nämlich

- "Welche Stellen sind erforderlich?"
- "Welche Gliederung ist erforderlich?"
- "Welche Material- und Informationsflüsse zwischen den Stellen sind erforderlich?"

zu beantworten /57/.

Eine zweckmäßige Ablauforganisation muß demgemäß sicherstellen, daß alle in Bild 66 aufgeführten Teilaufgaben unter Berücksichtigung der erforderlichen zeitlichen Koordination erfüllt werden. Eine wirkungsvolle Aufbauorganisation bedingt die Bildung einer Koordinationsstelle, die funktionsgerechte Eingliederung dieser Stelle sowie die Sicherstellung der erforderlichen Informationsverknüpfung mit anderen Unternehmensbereichen /58/.

Die im Unternehmen jeweils zu verwirklichende Ablauf- und Aufbauorganisation ist von einer Vielzahl von Einflußgrößen wie beispielsweise der Größe und Organisationsstruktur des Unternehmens, der Zusammensetzung des Produktprogramms und der Fertigungsart und -tiefe abhängig. Aus diesem Grunde sollen im folgenden nur die generellen Möglichkeiten für eine Institutionalisierung aufgezeigt und die jeweils zu berücksichtigenden Randbedingungen genannt werden.

6.2 Mögliche Organisationsformen

Grundsätzlich bieten sich drei unterschiedliche Organisationsformen an, die Produktüberwachung und -steuerung im Unternehmen zu institutionalisieren (Bild 68), eine Stellenbildung oder die Einrichtung von Projekt-Teams oder Ausschüssen. Die wesentlichsten Randbedingungen für die Wahl der für den jeweiligen Einsatzfall günstigsten Organisationsform sind die zu lösenden Teilaufgaben sowie die Unternehmensgröße.

Den Anforderungen der Produktüberwachung kann es durchaus gerecht werden, wenn in einem kleineren Unternehmen die Unternehmensleitung selbst als Koordinationsstelle auftritt. Von einer mittleren Unternehmensgröße an bzw. bei einem größeren Aufgabenumfang ist es jedoch erforderlich, die Unternehmensleitung von diesen Aktivitäten zu entlasten und eine eigenständige Stelle für die Produktüberwachung und -steuerung einzurichten.

Insbesondere im Rahmen der Produktsteuerung ergibt sich z. B. bei der Ausarbeitung alternativer Verbesserungsmaßnahmen das Problem, innerhalb kurzer Zeiträume sehr komplexe Aufgaben lösen zu müssen. In diesen Fällen kann zur Unterstützung der Stelle ein Projekt-Team eingesetzt werden, daß aus Vertretern mehrerer

Funktionsbereiche besteht /59,60,61/. Die grundsätzlichen organisatorischen Möglichkeiten, ein derartiges Team zu strukturieren, sind in Bild 69 zusammen mit den wichtigsten Einsatzbedingungen dargestellt.

Stelle bzw. Gremium		Beschreibung
Stelle		Ständige Arbeit eines oder mehrerer Mitarbeiter unter einheitlicher Leitung zur Durchführung häufig wiederkehrender Tätigkeiten.
Team	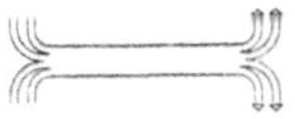	Länger dauernde Zusammenarbeit mehrerer Mitarbeiter aus verschiedenen Unternehmensbereichen, wobei jeder Teilnehmer meist eine eigenständige spezialisierte Tätigkeit ausübt.
Ausschuß	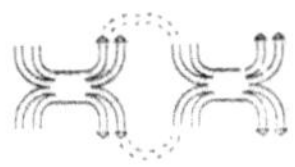	Kurzzeitige Zusammenarbeit mehrerer Mitarbeiter aus verschiedenen Unternehmensbereichen, die zur Erfüllung von Sonderaufgaben zusammentreten.

Bild 68: Prinzipielle Möglichkeiten zur Institutionalisierung der Produktüberwachung und -steuerung

Beim "Einfluß-Projekt-Management" besitzt der Projektleiter als zeitlich befristete Stabsstelle keinerlei Weisungsbefugnis gegenüber den in den einzelnen Linienstellen tätigen Mitarbeitern des Teams. Der Leiter des Teams hat hier lediglich Koordinationsfunktionen inne. Daher wird diese Organisationsform hauptsächlich in den Fällen angewendet, bei denen die Unternehmensleitung einen starken Einfluß auf das Projekt ausüben möchte, weil die Anweisung an die Gruppenmitglieder nur über die übergeordneten Linienstellen erfolgen kann.

Das "Matrix-Projekt-Management" wird in der Praxis sehr häufig angewendet. Die Doppelunterstellung der Teammitglieder unter den Projektleiter einerseits und den Leiter der Linienstellung andererseits kann zu Konflikten führen, wenn keine klare Abgrenzung der Weisungsbefugnis erfolgt /62/.

Das "Reine-Projekt-Management" entspricht einer befristeten Linienstelle. Für die Dauer des Projektes werden die einzelnen Mitglieder aus ihren bisherigen Funktionen freigestellt und einem Projektmanager zugeordnet, der die alleinige Weisungsbefugnis innehat. Diese Organisationsform wird wegen des erheblichen Aufwandes insbesondere für sehr umfangreiche und langwierige Aufgaben gewählt.

	Organisationsformen des Projekt - Managements		
	Einfluß-Projekt-Management	Matrix-Projekt-Management	Reines Projekt-Management
Aufbau	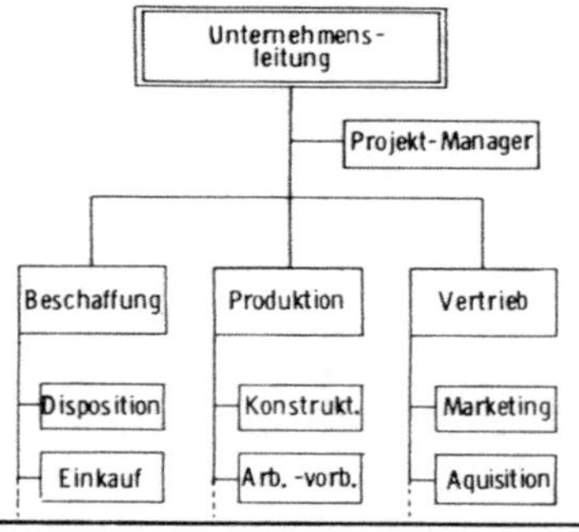	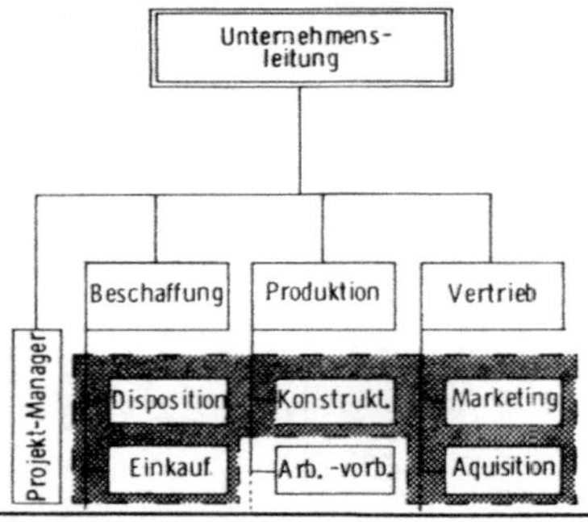	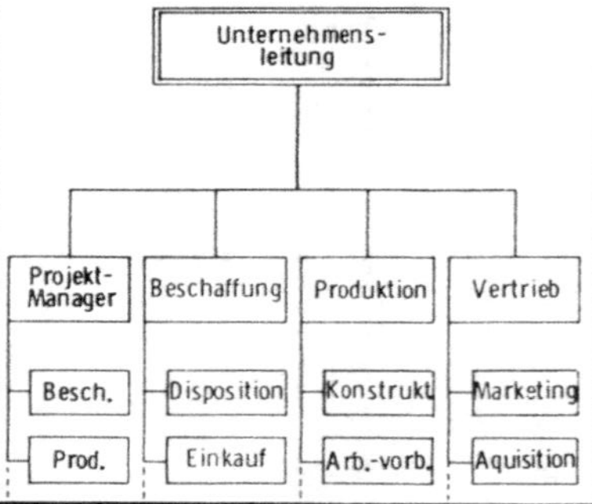
Aufgaben-gliederung	• Beratung und Koordination durch den Projekt - Manager • fachliche und disziplinarische Weisungsbefugnis des Abteilungsleiters	• fachliche Weisungsbefugnis des Projekt-Managers • disziplinarische Weisungsbefugnis des Abteilungsleiters	• fachliche und disziplinarische Weisungsbefugnis des Projekt - Managers
Einsatzbedingungen	• kleine und mittlere Unternehmen • schwach ausgeprägte Gliederung der Aufbauorganisation • starkes Engagement der Unternehmensleitung am Entscheidungsprozeß	• mittlere und große Unternehmen • durchschnittlich ausgeprägte Gliederung der Aufbauorganisation • durchschnittliches Engagement der Unternehmensleitung am Entscheidungsprozeß	• große Unternehmen • stark ausgeprägte Gliederung der Aufbauorganisation • schwaches Engagement der Unternehmensleitung am Entscheidungsprozeß

Bild 69: Abgrenzung verschiedener Organisationsmöglichkeiten für Projektteams

Zur Erfüllung von Sonderaufgaben, die nur wenige Stunden in Anspruch nehmen, aber durchaus periodisch wiederkehren können, bietet sich die Bildung von Ausschüssen an, die, wie Bild 70 zeigt, unterschiedlich strukturiert sein können. Eine solche Sonderaufgabe ist z. B. das Ermitteln der Ursachen für Abweichungen, die im Rahmen der Produktüberwachung festgestellt werden.

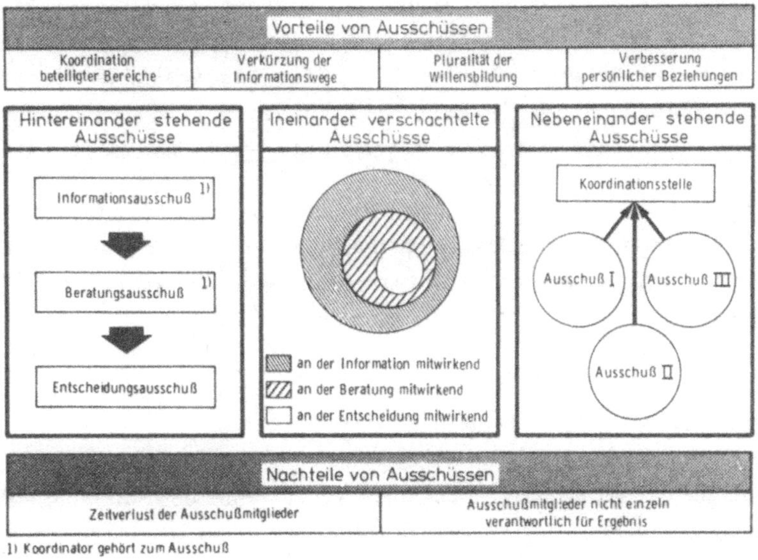

Bild 70: Abgrenzung verschiedener Arten von Ausschüssen

Neben der direkten Koordination der beteiligten Unternehmensbereiche liegen die Vorteile von Ausschüssen in der

- Verkürzung der Informationswege, der
- Pluralität der Willensbildung sowie der
- Verbesserung persönlicher Beziehungen/63/

Nachteilig wirkt sich diese Organisationsform in dem Zeitverlust aus, der für die Ausschußmitglieder entsteht. Außerdem kann es sein, daß einige Ausschußmitglieder nicht mit voller Kraft an der Lösung der anstehenden Aufgaben mitarbeiten, weil sie sich nicht einzeln für das Ergebnis verantwortlich fühlen. Dementsprechend sorgfältig sind die Mitarbeiter für die Ausschüsse auszuwählen. Darüber hinaus sollten vor jeder Sitzung eine genaue Tagesordnung mit den angestrebten Besprechungszielen vorbereitet und die entsprechenden Unterlagen verteilt werden. Im Rahmen der Produktüberwachung und -steuerung könnten diese Tätigkeiten von der Koordinationsstelle übernommen werden.

Da die vorgestellten Organisationsformen Stelle, Projekt-Management und Ausschuß für die Durchführung der verschiedenen Teilaufgaben im Rahmen der Produktüberwachung und -steuerung unterschiedlich gut geeigent sind, empfiehlt sich für die Institutionalisierung in Abhängigkeit von der jeweiligen Aufgabenstellung, eine Zuordnung zu den Organisationformen wie sie in Bild 71 dargestellt ist.

Es zeigt sich, daß gegenüber dem Zustand in Bild 66 zum einen eine Vielzahl von notwendigen Teilaufgaben nun intensiver durchgeführt werden kann, zum anderen die Unternehmensleitung stark entlastet wird.

6.3 Hierarchische Eingliederung

Im Rahmen der Institutionalisierung der Produktüberwachung und -steuerung ist außer der Organisationsform auch die Eingliederung in die Organisationsstruktur des Unternehmens festzulegen. Dabei muß die organisatorische Eingliederung der interdisziplinären Aufgabenstellung gerecht werden.

Lassen es die Gegebenheiten für richtig erscheinen, eine Stelle "Produktüberwachung und -steuerung" einzurichten, so erscheint es zweckmäßig, diese Stelle der Unternehmensleitung direkt zu unterstellen. Durch diese Form der hierarchischen Eingliederung wird zum einen ein kurzer bzw. direkter Informationsfluß zur Entscheidungs- und Durchsetzungsebene der Unternehmen gewährleistet und zum anderen wird vermieden, daß die Arbeit der Koordinationsstelle durch Bereichsinteressen beeinflußt wird /64,65/.

Aufgabenkomplexe	Teilaufgaben der Produktüberwachung und -steuerung	Unternehmensleitung	Stelle PÜS	Ausschuß PÜS	Team PÜS	Vertrieb	sonstige Funktionsbereiche	Marktforschung
		Zuständige Unternehmensbereiche						
Kosten- und Erfolgsverhalten kontrollieren	Planwerte vorgeben	■				■	■	
	Wert- und mengenmäßige Kennzahlen erfassen		□			■	■	■
	Periodischen Plan- / Istwert - Vergleich durchführen		■					
	Negativ abweichende Produkte ermitteln		■					
Negativ abweichende Produkte bewerten	Bewertungskriterien festlegen und gewichten	□	■	■				
	Derzeitige und zukünftige Marktsituation analysieren	□	■			■		■
	Bedeutung der Produkte für das Unternehmen bestimmen	□	■	■		■	■	□
	Bewertung durchführen	□	□	■	□	□	□	
	Produkte entsprechend Bewertungsergebnis einordnen		■					
Schwachstellen-analyse durchführen	Ursachen für Planabweichungen analysieren	□	■	■	□	■	■	■
	Schwachstellen ermitteln		□	■	■	□	□	□
	Lastenhefte zur Beseitigung der Schwachstellen erstellen	□	□	■	■	□	□	□
Maßnahmen-planung durchführen	Alternative Verbesserungsmaßnahmen ableiten		□	□	■	■	■	
	Verbesserungsvorschläge bewerten und selektieren	■	□	■		□		
	Durchführung der Maßnahmen planen		■		■		□	

■ Teilaufgabe wird von der Stelle in der Regel bearbeitet

□ Teilaufgabe wird von der Stelle in Sonderfällen bearbeitet

PÜS ≙ Produktüberwachung und -steuerung

Bild 71: Teilaufgaben der Produktüberwachung und -steuerung und ausführende Stellen bzw. Gremien bei einer Institutionalisierung

Die vorgeschlagene Eingliederung der Stelle Produktüberwachung und -steuerung läßt sich bei funktional gegliederten Unternehmen, die in der Regel ein übersichtliches Produktspektrum aufweisen, relativ einfach realisieren. Bei Unternehmen mit einer divisionalen bzw. nach Produktbereichen gegliederten Organisationsstruktur (Bild 72) empfiehlt es sich, für jeden Bereich eine Koordinationsstelle vorzusehen, da die Bereiche heute in der Regel als Profit-Center in eigener Verantwortung wirtschaften. Die Ergebnisse der bereichsintegrierten Stellen sollten dann jeweils in eine der Unternehmensleitung unterstellten Zentralstelle weitergeleitet werden.

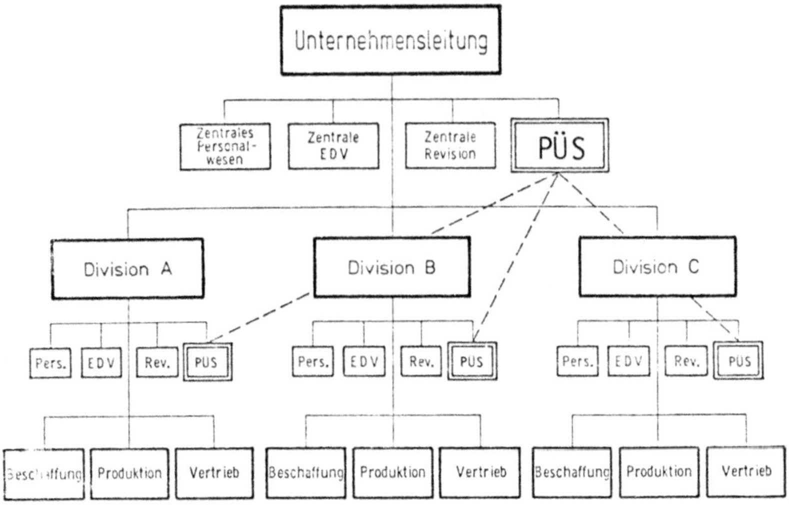

PÜS ≙ Produktüberwachung und -steuerung

Bild 72: Eingliederung der Produktüberwachung und -steuerung im divisional organisierten Unternehmen

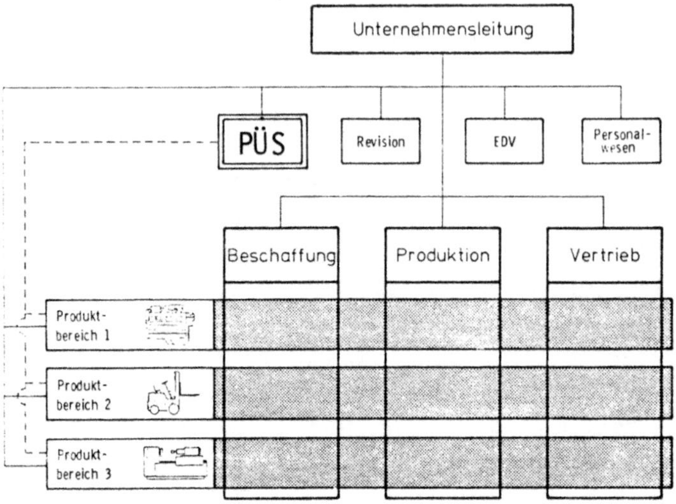

PÜS ≙ Produktüberwachung und -steuerung

Bild 73: Eingliederung der Produktüberwachung und -steuerung im Unternehmen mit Matrix-Organisation

Bei Unternehmen mit einer Matrix-Organisation sollte in der Regel der jeweils zuständige Produkt-Manager die Funktion der Stelle Produktüberwachung und -steuerung ausüben. Die Arbeitsergebnisse aller Produkt-Manager werden dann zentral von einer Koordinationsstelle kontrolliert, die wiederum direkt der Unternehmensleitung zugeordnet ist (Bild 73).

7. Zusammenfassung

Die dynamischen Markt- und Umweltentwicklungen zwingen die Unternehmen in immer stärkerem Maße zur optimalen Nutzung aller Produktionsfaktoren. Diese Entwicklung verlangt insbesondere vom Management eines Unternehmens Entscheidungen, welche nicht mehr auf weitgehend intuitiver Basis, sondern nur noch unter Anwendung moderner Führungsmethoden und Management-Techniken auf einer abgesicherten Informationsbasis getroffen werden können. Erfahrungen aus der industriellen Praxis zeigen jedoch, daß zwischen dieser Erkenntnis und ihrer konsequenten Verwirklichung häufig erhebliche Diskrepanzen vorliegen.

Eine wesentliche Aufgabe der Unternehmensführung besteht darin, die in den unternehmerischen Planzahlen dokumentierten Erfolgserwartungen, welche durch die Herstellung und den Verkauf von Produkten realisiert werden sollen, zu kontrollieren, und bei Planabweichungen korrigierend einzugreifen (Management by exception).

Unter diesem Aspekt ist die systematische Produktüberwachung und -steuerung hinsichtlich der Erfüllung der unternehmerischen Planziele als zentrales Problem anzusehen. Ausgehend von einer Analyse der Faktoren, die das Kosten- und Erfolgsverhalten von Produkten beeinflussen können, wurden zunächst die Probleme und Anforderungen an ein System zur Produktüberwachung und -steuerung definiert. Dabei zeigte sich, daß die Funktionsfähigkeit eines derartigen Systems nur gewährleistet werden kann, wenn im Unternehmen die entsprechenden informatorischen Voraussetzungen vorhanden sind. Dabei wurde schwerpunktmäßig auf Methoden und Hilfsmittel zur Ordnung und Klassifizierung von Produkten und produktbezogenen Informationen sowie auf die Konzipierung eines anforderungsgerechten, betrieblichen Informationswesens eingegangen.

Im Anschluß daran wurde der Aufbau und detaillierte Ablauf des Systems zur Produktüberwachung und -steuerung beschrieben. Die vorgestellte Systematik umfaßt zwei wesentliche Aufgabenkomplexe, die Produktüberwachung und die Produktsteuerung. Im Rahmen der Produktüberwachung muß in regelmäßigen Abständen das Kosten- und Erfolgsverhalten der Produkte kontrolliert werden. Bei festgestellten negativen Planabweichungen müssen die zukünftigen Erfolgsaussichten der abweichenden Produkte analysiert und bewertet werden.

Die Ergebnisse der Produktüberwachung bilden dann die Grundlage für die erforderlichen Steuerungsmaßnahmen. Zur Ableitung dieser Maßnahmen ist eine Analyse der Ursachen für die zuvor festgestellten Planabweichungen und eine anschließende Ermittlung von Schwachstellen seitens des Produktes bzw. des Unternehmens erforderlich. Die Erstellung und Auswahl geeigneter Verbesserungsmaßnahmen sowie die Durchführungsplanung für die ausgewählten Verbesserungsmaßnahmen bilden die abschließenden Aktivitäten der beschriebenen Vorgehensweise.

Die Funktionsfähigkeit des Systems zur Produktüberwachung und -steuerung wurde an einem Fallbeispiel aus der Investitionsgüterindustrie nachgewiesen, wobei der Praktikabilität besondere Beachtung zukam.

Ausgehend von den analysierten Teilaufgaben und den interdisziplinären Aufgabenstellungen der Produktüberwachung und -steuerung wurden schließlich die Anforderungen an die Ablauf- und Aufbauorganisation abgeleitet und Vorschläge für eine den Anforderungen gerecht werdende Institutionalisierung in der Unternehmensorganisation erarbeitet.

Die Zusammenhänge zwischen den im Rahmen der Produktüberwachung und -steuerung durchzuführenden Teilaufgaben wurden in einzelnen Abläufen übersichtlich dargestellt. Die erforderlichen Hilfsmittel, insbesondere Formulare, wurden aufgezeigt. Das entwickelte unternehmensabhängige System zur systematischen Produktüberwachung und -steuerung ist - unter Berücksichtigung firmenspezifischer Einflußgrößen - für die Anwendung in den Unternehmen der Investitionsgüterindustrie geeignet.

8. Literaturverzeichnis

1.	Aurich, W. Schroeder, H.-U.	Unternehmensplanung im Konjunkturverlauf Hrsg.: PROGNOS AG, Basel, 2. Auflage, München 1977
2.	Dettmering, W.	Bedeutung der Produktinnovation für die Zukunftssicherung der Wirtschaft bzw. der Unternehmen Produktinnovation - Herausforderung und Aufgabe Hrsg.: VDI, VDI-Berichte Nr. 229, Düsseldorf 1976
3.	Gasser, Chr.	Die industrielle Unternehmung vor den Aufgaben der Zukunft Industrielle Organisation 39 (1970) Heft 5
4.	Berthel, J.	Zielorientierte Unternehmenssteuerung Die Formulierung operationaler Zielsysteme Stuttgart 1973
5.	Schwartz, H.	Management by System Bürotechnik 20 (1972) Nr. 3
6.	Crawford, C.M.	Das Leitlinienkonzept in der Absatzplanung Marketingtheorie, Köln und Berlin 1972
7.	Brankamp, K.	Planung und Entwicklung neuer Produkte Berlin 1971
8.	Hake, B.	Diversifizieren in der Markenartikelindustrie Markenartikel (1971) 5

9. Pfeiffer, W. / Bischof, P. — Einflußgrößen von Produkt-Marktzyklen Arbeitspapiere Heft 22, Forschungsprojekt der Forschungsgruppe für Innovation und Technologische Voraussagen am Lehrstuhl für Industriebetriebslehre Universität Erlangen-Nürnberg, 1975

10. Frankenberger, A. / Müller, E. — Wertanalyse im Konzern Interner Bericht der Demag-AG, Duisburg 1971

12. Brankamp, K. / Wiendahl, H.-P. — Systematische Erzeugnisgliederung als Voraussetzung für eine rationelle Auftragsabwicklung Industrie-Anzeiger 91 (1969) Nr. 106

13. Michels, W. — Anlagen- und Geräteklassifizierung, ein Instrument zur Rationalisierung im Planungs- und Produktionsbereich Industrie-Anzeiger 93 (1971) Nr. 15 und 24

14. Feldhege, B. / Solmecke, B. — Richtlinie zur Erzeugnisgliederung Interne Richtlinie der Demag-AG, Duisburg 1969

15. Opitz, H. — Die richtige Sachnummer im Fertigungsbetrieb Girardet-Taschenbücher-Technik, Band 2, Essen 1971

16. Zimmermann, D. — Eine allgemeine Ordnung für Maschinen und Einrichtungen K E M, 1968, 2

17. Wiendahl, H.-P. — Funktionsbetrachtungen technischer Gebilde
Ein Hilfsmittel zur Auftragsabwicklung in der Maschinenbauindustrie
Dissertation TH Aachen 1970

18. DIN 6763 — Fachausdrücke der Nummerungstechnik, Vornorm
Berlin und Köln 1963

19. Mewes, D. — Der Informationsbedarf im konstruktiven Maschinenbau
VDI-Taschenbuch T 49
Düsseldorf, 1973

20. Kapferer, C.
Disch, K.A. — Kooperative Marktforschung
Köln und Opladen 1965

21. VDI 2211 — Datenverarbeitung in der Konstruktion
Blatt 1: Aufgabe, Prinzip und Einsatz von Informationssystemen
Berlin und Köln 1974

22. Wahl, M.P. — Grundlagen eines Management-Informationssystems
Neuwied und Berlin 1969

23. Wolf, S. — Informationssystem für Maschinenbau-Unternehmen mit Einzel- und Kleinserienfertigung
wt-Zeitschrift für industrielle Fertigung, 60 (1970) Nr. 1

24. Menze, H. — Marktinformation durch Marktstatistik
Der Betrieb 26 (1973) Heft 21

25. Seifert, H. / Fischer, W. — Ein System zur Produktüberwachung und -steuerung
Industrie-Anzeiger 99 (1977) Nr. 78

26. Friese, W. — Ein System zur koordinierten Produktplanung in Unternehmen der Investitionsgüterindustrie
Dissertation TH Aachen 1975

27. Eversheim, W. / Seifert, H. — Systematische Produktüberwachung und -steuerung - gezeigt an einem Beispiel aus der Investitionsgüterindustrie
Die Betriebs-Wirtschaft (DBW), 38. Jg., 1978, Heft 1

28. Jirasek, J. — Markttendenzen und ihre Messung - Beispiel Maschinenbau
Rationalisierung 27 (1976) Heft 10

29. Riebel, P. — Das Rechnen mit Einzelkosten und Deckungsbeiträgen
Zeitschrift für handelswissenschaftliche Forschung 11 (1959)

30. Hochstrasser, A. — Kosten- und Investitionsrechnung
München - Wien 1974

31. Bock, G. — Das Rechnen mit Einzelkosten und Deckungsbeiträgen. Stellungnahme zum gleichnamigen Artikel von Riebel, P.
Zeitschrift für handelswissenschaftliche Forschung 11. Jg., 1959

32. Munzel, G. — Die fixen Kosten in der Kostenträgerrechnung
Wiesbaden 1966

33.	Reichmann, Th.	Die fixen Kosten in der Kostenträgerrechnung Zeitschrift für betriebswirtschaftliche Forschung 21 (1969) Heft 7
34.	Eversheim, W. Heuwing, F.W. Friese, W.	Planung der Flexibilität in Unternehmen der Investitionsgüterindustrie VDI-Z, 117 (1975) Nr. 3
35.	Rogge, P.G.	Produktplanung im Spannungsfeld zwischen Wirtschaftsprognose und Unternehmensplanung Vortrag, gehalten auf der Vollsitzung des VDI-Gemeinschaftsausschusses Produktplanung, Düsseldorf 30.11.1973
36.	VDI, Hrsg.	Systematische Produktplanung - ein Mittel zur Unternehmenssicherung Düsseldorf 1976
37.	Gahse, S.	Eine Systematik der Vorhersageverfahren IBM-Form 81564, Sindelfingen 1969
38.	Mertens, P.	Prognoserechnung Wien - Würzburg 1972, 2.Aufl.
39.	Strasser, H.	Lineare Prognose stationärer Zeitreihen G. Bruckmann (Hrsg.) Langfristige Prognosen Wien - Würzburg 1977
40.	Rembeck, M. Eichholz, G.P.	Markterkundung für Klein- und Mittelbetriebe Handbuch der Rationalisierung Nr. 28 Heidelberg 1972

41. Ott (Hrsg.) Handbuch der praktischen Marktforschung München 1972

42. Fopp, L. Marktplanung: So erfassen wir die Umweltveränderungen rascher und besser Management-Zeitschrift 76, 46 (1977), Nr. 4

43. Autorenkollektiv Planung und Entwicklung neuer Produkte der Investitionsgüterindustrie Industrie-Anzeiger 93 (1971) Nr. 60

44. Arlt, J. Dynamische Produktionsprogrammplanung Dissertation TH Aachen 1971

45. Dathe, H.M. Die Optimierung von Mittelzuweisungen für Forschungs- und Entwicklungsvorhaben Zeitschrift für Unternehmensforschung 13 (1969) Heft 3

46. AWF (Hrsg.) Schwachstellenforschung und Rationalisierungsmaßnahmen im Betrieb Schriftenreihe Arbeitsvorbereitung, Heft 2 Hrsg. Ausschuß für wirtschaftliche Fertigung e.V. (AWF), Frankfurt/M., Berlin

47. DIN 69190 Wertanalyse - Begriffe, Methode Berlin und Köln 1973

48. Autorenkollektiv Wertanalyse im Maschinenbau VDMA-Betriebswirtschaftsblatt BwB 17, Frankfurt/Main 1971

49. Baatz, U. — Bauteile in Maschinenbauprodukten - Probleme und Lösungsmöglichkeiten Vortrag im Werkzeugmaschinenlabor der TH Aachen am 27.5.1971

50. Kehrmann, H. — Die Entwicklung von Produktstrategien - Eine Methode zur Ideenfindung und -bewertung auf der Grundlage des Unternehmenspotentials Dissertation TH Aachen 1972

51. Schleppegrell, J. — Ein System zur Investitionsplanung auf der Grundlage einer Werkstück- und Maschinenklassifizierung Dissertation TH Aachen 1969

52. Troschke, R. — Systematische Planung von Erzeugnisprogrammen und ihre Zuordnung zu Betriebsmitteln auf der Basis analytischer Merkmalstrennung Dissertation TU München 1975

53. v. Pape, G. — Produktplanung in der Praxis eines Großunternehmens Umdruck zum VDI-Seminar: Systematische Produktplar g, Düsseldorf 1975

54. N. N. — Produktionsfräsmaschin Industrie-Anzeiger 99 .7) Nr. 65

55. Brankamp, K. — Produktplanung - Instrument der Zukunftssicherung im Unternehmen Konstruktion 26 (1974) Heft 8

56. Schlegel, H. — Produktplanung in der Automobilindustrie
Zeitschrift für Organisation 43 (1974), Heft 1

57. Bleicher, K. — Organisation und Führung der industriellen Unternehmung
Industriebetriebslehre Band III: Organisation und EDV, Wiesbaden 1972

58. Kosiol, E. — Organisation der Unternehmung
Wiesbaden 1962

59. Trebesch, K. — Innovationsfördernde Organisationsstrukturen
Industrielle Organisation 42 (1973) Nr. 6

60. Klaus, H.G. — Betriebswirtschaftlich-organisatorische Überlegungen zum Aufbau von Projektmanagement-Systemen
Dissertation Köln 1972

61. Schmidt, G. — Product-Innovation und Organisation
Dissertation Gießen 1969

62. Wild, J. — Product Management
München 1972

63. Kosiol, E. — Kollegien
Handwörterbuch der Organisation, Stuttgart 1973

64. Witte, E. — Organisation für Innovationsentscheidungen
Göttingen 1973

65. Grochla, E. — Unternehmensorganisation
Hamburg 1972

GPSR Compliance

The European Union's (EU) General Product Safety Regulation (GPSR) is a set of rules that requires consumer products to be safe and our obligations to ensure this.

If you have any concerns about our products, you can contact us on ProductSafety@springernature.com

In case Publisher is established outside the EU, the EU authorized representative is:

Springer Nature Customer Service Center GmbH
Europaplatz 3
69115 Heidelberg, Germany

Batch number: 10809636

Printed by Printforce, the Netherlands